Karl Cramer

Die Geschichte Ostfrieslands

Karl Cramer

Die Geschichte Ostfrieslands

Ein Überblick

ISENSEE VERLAG
OLDENBURG

Der Autor:

Karl Cramer wurde 1931 in Loppersum bei Emden geboren. Nach dem Studium der Berufspädagogik in Frankfurt/Main war er als Oberstudienrat tätig an der Insel-Berufsschule Norderney und am Berufsbildungszentrum des Ammerlandes in Bad Zwischenahn. Sein Hauptfachgebiet war die Bautechnik.

Fotos: Karl Cramer

Foto Norderney: C. Winderlich

Lektorat: Dr. Doortje Cramer-Scharnagl, Edewecht

Bibliografische Information Der Deutschen Bibliothek

Die Deutsche Bibliothek verzeichnet diese Publikation in der Deutschen Nationalbibliografie; detaillierte bibliografische Daten sind im Internet über <http://dnb.ddb.de> abrufbar.

ISBN 978-3-89598-982-7

6. Auflage 2023

Inhalt

Leer / Waage
Am Hafen steht die 1714 gebaute „Waage", die heute als Restaurant betrieben wird. Die strenge Pilasterordnung und ein schlankes Dachtürmchen zeigen den klassizistischen Einfluss der Niederlande.

1 Ein Hakenpflug, zwei Goldschalen

Jäger und Sammler in der Mittleren Steinzeit – Sesshafte Siedler in der Jungsteinzeit – Bemerkenswerte Funde aus der Bronzezeit – Besiedlung der Marschen; Flachsiedlungen und Warfen (Wurten) – Germanische Chauken zwischen Ems und Elbe – Römische Flotte in der Emsmündung – Friesisches Siedlungsgebiet zwischen Rheinmündung und Sylt – Ackerbauer, Handwerker, Händler

Zufällig entdeckte oder durch systematische archäologische Grabungen gewonnene Bodenfunde zeigen, dass Sammler und Jäger in der Mittleren Steinzeit (9000 – 4000 v. Chr.) die in der Eiszeit entstandene Geest der ostfriesischen Halbinsel durchstreiften. Sie benutzten aus Feuerstein gefertigte Kleingeräte wie Schaber, Klingen und größere Geräte wie Beile. Sesshaft wurden die Menschen in der Jungsteinzeit (4000 – 2000 v. Chr.). Sie züchteten Vieh, bauten Weizen- und Gerstearten an und verwendeten neben den Feuerstein-Werkzeugen aus Ton geformte und mit farblich gestalteten Einstichen verzierte Gefäße („Trichterbecherkultur"). Aus vier Standorten in Ostfriesland sind Großsteingräber der Jungsteinzeit bekannt, die aus Findlingen der Eiszeit aufgeschichtet wurden. Bäuerliche Sippen werden sie wahrscheinlich über mehrere Generationen benutzt haben. Zweifellos bestand mit anderen Regionen ein Güteraustausch mit einhergehendem Kulturausschuss. Auf Bohlenwegen aus abgeschlagenen jungen Baumstämmen konnten die Menschen damals die Moore überwinden.

Das im 3. Jahrtausend im Vorderen Orient entwickelte Verfahren, aus Kupfer und Zinn eine vielseitig verarbeitbare Legierung herzustellen, begründete die Bronzezeit (etwa 2000 – 700 v. Chr.). Die Bronzetechnik gelangte in der ersten Hälfte des zweiten Jahrtausends nach Norddeutschland; Funde in Ostfriesland belegen den Handel mit Bronzegegenständen im Küstengebiet. Man fand Schmuckstücke, Rasiermesser, Beilklingen, Dolche und Lanzenspitzen. Neben diesen Gegenständen blieben hier indes Steingeräte bis in die Eisenzeit in Gebrauch. Drei herausragenden in Ostfriesland gemachten Funden gilt besondere Aufmerksamkeit. Aus der älteren Bronzezeit stammt eine bei Moordorf geborgene Goldscheibe. Die aus dünnem Goldblech gearbeitete Scheibe gehörte wahrscheinlich zu einem so genannten „Sonnenwagen". Einen gleichen fand man in Dänemark.

Torfstecher entdeckten bei Walle die Reste eines etwa drei Meter langen hölzernen Hakenpfluges, der aus einem Eichenast um 1500 v. Chr. angefertigt worden war. Der Pflug ist der älteste erhaltene Pflug Europas. Auf zwei kleine, mit Treibarbeiten verzierte Goldschalen stießen Arbeiter bei der Sandgewinnung in Westerholt. Sie stammen vermutlich aus Mitteleuropa. Seit der Mittleren Bronzezeit wurden die Toten in flachen Hügelgräbern begraben, danach setzte sich die Verbrennung der Leichen durch; der Leichenbrand wurde in Urnen beigesetzt.

Die sich in Jahrhunderten vollziehenden Meeresspiegelbewegungen sowie der Wechsel der Sturmfluthäufigkeit und -stärke beeinflussten stark die Besiedlung der Marsch an der Küste. Der Meeresspiegel der Nordsee lag vor rund 10000 Jahren etwa 50 Meter tiefer als heute. In der Zeit von etwa 700 bis 350 v. Chr. erlaubte es eine Rückzugsphase des Meeres, die ersten Flachsiedlungen zu ebener Erde an den Flussmarschen der durch Meeresablagerungen erhöhten Emsufer anzulegen. Ausgrabungen bei Jemgum und Hatzum belegen dies. In den beiden Jahrhunderten vor Christus und im 5. und 6. Jahrhundert nach Christus zwangen dann stärker werdende Überflutungen die Marschensiedler, ihre Gehöfte aufzugeben. Nach diesen beiden Überflutungsperioden errichteten die Siedler Erdhügel, die „Warfen" oder „Wurten", die sie dann in Jahrhunderten den steigenden Wasserständen immer wieder durch Erhöhungen anpassten um ihre Häuser vor den Fluten zu sichern. Heute sind Warfen wertvolle Archive der Forscher. Die Bedeichung der gesamten Küste der ostfriesischen Halbinsel begann um 1000 n. Chr.

Die Menschen, die an der Zeitenwende zwischen Ems und Elbe siedelten, gehörten dem westgermanischen Stammesverband der Chauken an. Etwa 200 n. Chr. wurden sie von den vom Rheindelta ostwärts vordringenden Friesen bis über die Weser hinaus verdrängt. Anzunehmen ist, dass sich Teile beider Völkerschaften miteinander vermischten. Kenntnisse über die Lebensverhältnisse der germanischen Küstenbewohner erlangen wir durch die Zeugnisse römischer Berichterstatter. Plinius der Ältere, Offizier und Gelehrter, sowie der Geschichtsschreiber Tacitus berichteten über das nördliche Germanien. Mit dessen Bewohnern pflegten die Römer einen regen Kontakt; Waren wurden ausgetauscht, Germanen taten Dienst im römischen Heer. Immer wieder kam es indes zu kriegerischen Auseinandersetzungen bei den Versuchen der Römer, ihr Herrschaftsgebiet bis zur

Elbe auszudehnen. Die römischen Heerführer Drusus und Germanicus drangen bei ihren Feldzügen mit ihren Flotten in die Ems ein. Mit den römischen Eroberungszügen können Funde in Holtgaste bei Jemgum in Verbindung gebracht werden. Neben den karminroten „Terra-Sigillata"-Tongefäßen und Gewandspangen fand man Ausrüstungsstücke des kaiserlichen Heeres. Bei Aurich konnte ein größerer Schatzfund mit 80 römischen Münzen geborgen werden. In der Schlacht bei Kalkriese im Osnabrücker Land 9 n. Chr. beendete der Cherusker Armin mit der Vernichtung der von Varus geführten drei römischen Legionen das Streben der Römer zur Elbe.

Das von Friesen bewohnte Gebiet erstreckte sich in seiner größten Ausdehnung von der Rheinmündung bis hinauf zur Insel Sylt. Im 7. und frühen 8. Jahrhundert gab es friesische Könige, deren bekanntester der sagenumwobene König oder Herzog Radbod (Redbad) war. Sein Herrschaftsgebiet war wohl eher das westliche Friesland; er starb 719. Sicher ist, dass es keine feste Stammesorganisationen zwischen den friesischen Siedlungsverbänden gegeben hat. Ein Zusammengehörigkeitsgefühl der Friesen wird gleichwohl bestanden haben. Die Friesen waren Ackerbauer und Viehzüchter, aber auch Handwerker; die Weber zum Beispiel stellten aus Schafwolle die berühmten „Friesischen Tuche" her. Die Tuche und andere Erzeugnisse aus Leder, Knochen und Holz, auch landwirtschaftliche Produkte wie Getreide und Vieh, gelangten in den Handelsverkehr der Nord- und Ostsee. Bei nachlassenden Überflutungen setzte im 7. Jahrhundert eine Neubesiedlung der Marsch, zum Teil auch der Geest ein. Alte Wurten aus der Zeit vom 2. bis 4. Jahrhundert n. Chr. wurden erhöht, neue warf man auf. Die runden oder ovalen Wurten nahmen Einzelhöfe und Kirchen auf oder auch ganze Siedlungen. Gestreckte Langwurten entstanden an Buchten und Wasserläufen, hier boten Händler und Handwerker in ihren kleinen, beiderseits einer Mittelgasse liegenden Häusern ihre Produkte an, die zum großen Teil auf flachbodige Schiffe verladen wurden.

Der bedeutendste friesische Handelsplatz war Dorestad an der Rheinmündung. Im heutigen Ostfriesland wurden Emden, Oldersum, Jemgum, Groothusen, Grimersum und Nesse bekannte Handelsorte.

„Die Ausgrabungen in den Flachsiedlungen und Wurten zeigten sehr schnell die hervorragenden Erhaltungsbedingungen in den feuchten Marschböden. Organisches Material wie Holz, Leder, Textilien, Pflanzenreste allgemein und ebenso Tierknochen sind hier wunderbar erhalten, während sie in vergleichbaren Geestsiedlungen wegen der durchlüfteten Böden vergangen sind [...]. Die Marschsiedlungen stellen demnach überaus wichtige kulturgeschichliche Archive dar [...]. Hier war es möglich, Siedlungsweise, Wirtschaftsformen und Umwelt mit einer Zuverlässigkeit zu rekonstruieren wie kaum anderswo."

(K. B. Behre,
J. Ey, P. Schmidt,
W. H. Zimmermann)

„Die schriftliche Überlieferung über die Lebensbedingungen im frühen und hohen Mittelalter ist außerordentlich gering, so daß
die archäologische Forschung einen Beitrag zur Siedlungsgeschichte des Mittelalters in Ostfriesland leisten kann."

(Wolfgang Schwarz)

2 Die „huslotha", der Königszins

Eingliederung des östlichen Frieslands ins fränkische Reich – Erzwungene Christianisierung – Fränkische Grafschaftsverfassung, Gaueinteilung – Die „Lex Frisonum" – Normannenüberfälle in den Küstenregionen, Einflusszunahme der königsfernen Grafen – Emdens Entwicklung zur bedeutenden Handelssiedlung

„Verbrennt jemand den Körper eines Toten nach heidnischem Brauch und lässt dessen Gebeine zu Asche werden, so soll er an Haupt und Leben bestraft werden. Wer sich fortan vom Stamme der Sachsen ungetauft unter seinen Stammesgenossen verbirgt, zur Taufe zu kommen verachtet und freiwillig Heide bleibt, der soll des Todes sterben."

(Capiuilam de partibus Saxoniae)

Karl der Große erzwang am Ende des 8. Jahrhunderts in den „Sachsenkriegen" die Eingliederung Frieslands von der Scheldemündung bis zur Weser in den fränkischen Reichsverband. Die von den Franken mit äußerster Härte geführten Feldzüge richteten sich auch gegen die heidnische Götterwelt der Sachsen und Friesen, die bekehrt werden sollten zu einem Erlösung gewährenden Christengott. In Karls Herrschaftsauffassung war brutale Unterwerfungspolitik untrennbar verwoben mit der Pflicht zur Heidenmission. Der Missionierung der Friesen widmeten sich unter anderen die Angelsachsen Willibrord und der große Kirchenorganisator Bonifatius; dieser wurde 754 im westfriesischen Dokkum von Friesen erschlagen. Im nördlichen und östlichen Teil des Gebiets zwischen Ems und Weser predigte ab 780 Willehad das Christentum, im westlichen Teil beiderseits der Ems missionierte der Friese Liudger. Willehads Missionsbezirk wurde später dem Erzbistum Bremen, der Liudgers dem Bistum Münster zugewiesen.

Im fränkischen Friesland gab es Unfreie, Halbfreie und Freie. Einflussreiche, besitzende Familien genossen ein hohes Ansehen, es gelang ihnen indes nicht, einen Herrschaftsanspruch durchzusetzen. Sie gerieten nach der fränkischen Eroberung unter eine unmittelbare Königsherrschaft. Diese jedoch wurde nicht als eine Unterwerfung erzwingende Institution empfunden, sondern eher als eine die eigene Freiheit schützende Autorität. Es war eine Königsfreiheit, die schließlich allen Friesen in einem langen Entwicklungsprozess zuwuchs. Karl veranlasste um 800, das friesische Stammrecht in der „Lex Frisonum" zusammenzufassen. Es ist nicht in allen Teilen friesischer Herkunft, sondern es enthält auch fränkische Rechtsvorstellungen. Vielerlei Streitigkeiten des täglichen Lebens konnten nach dem Regelwerk dieser Rechtssammlung geklärt und beigelegt werden. Nur ihrem fernen König mussten die Friesen die „huslotha", den Königszins, zahlen; über ihren Besitz konnten sie frei verfügen. Nach der fränkischen Grafschaftsverfassung hatten sie nur den Amtsträgern des Königs, den Grafen und den einheimischen Schulzen, Dienste zu leisten. Die Grafschaften waren aus mehreren Gauen mit undeutlichem Grenzverlauf gebildet worden. Die Verpflichtung zur Heerfolge bestand für die Friesen nur innerhalb Frieslands mit der später in den um 1080 geschaffenen gemeinfriesischen „Siebzehn Küren" niedergelegten Begründung, dass sie durch diese Beschränkung Zeit und Kraft finden sollten, die Abwehr zu organisieren gegen die aus dem Norden heranziehenden heidnischen Normannenheere. Mordend und plündernd suchten diese die friesischen Küstenregionen heim. Später dann sollte die Befreiung von der Heerfolge die Friesen in die Lage versetzen, den Kampf gegen das andringende Meer durch den Bau von Deichen aufzunehmen.

Als Mittler der königlichen Gewalt traten in der Zeit vom 9. bis 12. Jahrhundert auswärtige Grafen aus verschiedenen Adelsgeschlechtern auf. Der Däne Harald und die sächsischen Billunger bekleideten das Grafenamt im östlichen Teil der ostfriesischen Halbinsel, im Emsgebiet die Grafen von Werl und von Calvelage-Ravensberg. Bei schwächer werdender Reichsgewalt unter den Karolingern und Ottonen verstanden es die königsfernen Grafen immer besser, eigene, meist wirtschaftliche Interessen in den Vordergrund zu stellen und ihren Einflussbereich zu erweitern.

Vom 9. Jahrhundert an entwickelte sich Emden unter fränkischer Herrschaft bei gräflicher Einflussnahme zu einer bedeutsamen Handelssiedlung. Von dem günstig an Wegen und Wasserstraßen gelegenen Ort führten die Bauern und Handwerker ihre Produkte im Fernhandel den Umschlagsplätzen an der Nord- und Ostsee wie auch im Binnenland zu. Emden wurde das Münz- und Zollrecht verliehen. Jever erblühte in dieser Zeit ebenfalls zu einem lebhaften Handelsplatz.

„Wenn die Friesen sich noch heute nach Lebensgefühl und Selbstverständnis von den übrigen Deutschen beziehungsweise Holländern durchaus unterscheiden wissen [...], so ist dies historisch letztlich auf die unvergessene Friesische Freiheit des Mittelalters zurückzuführen."

(Hajo van Lengen)

Leer / Haneburg
Die Haneburg stammt aus dem 17. Jh., ihre Ursprünge indes gehen viel weiter zurück. Der gräfliche Drost Joest Hane ließ 1621 eine Burg im Renaissancestil bauen. 1671 erweiterte sein Sohn, der Drost Didrich Arend Hane, die Burg durch einen barocken Querflügel mit repräsentativer Freitreppe. 1935 wurde die Haneburg zu einer Dreiflügelanlage erweitert. Die Haneburg ist besonders gut erhalten; heute beherbergt sie die Volkshochschule.

3 Der „Goldene Reif"

Beginn des Deichbaus – „Erfindung" der Siele – „Landesgemeinden" der freien Friesen – Eine gesamtfriesische Versammlungsstätte: „Upstalsboom" – Zögernde Annahme des christlichen Glaubens – Kirchenbau und Klostergründungen

An der Jahrtausendwende liegt der Beginn des beeindruckenden Gemeinschaftswerks, das die Friesen Jahrhunderte in Anspruch nehmen wird: der Deichbau. Hatten die Warfen oder Wurten nur die Häuser der Siedler geschützt, so sollten jetzt zusammenhängende Erdwälle, die Deiche, auch die wertvollen Äcker und Grünlandflächen vor der Zerstörung durch die salzige Flut bewahren. Anfangs waren die Deiche nur niedrige, steile Erdwälle, die als Ringdeiche einige Warfen miteinander verbanden. Später dann, vermutlich erst zum Ende des 13. Jahrhunderts, wuchsen die Einzeldeiche zur Geschlossenheit zusammen. In ihrem Schutz konnten die Bauern ihre Ackerfluren ausweiten und Einzelhöfe außerhalb der Warfen errichten. Damit erfüllten sie eine um 1300 im Rüstringer „Asegabuch" niedergelegte Verpflichtung. In dieser Rechtshandschrift heißt es: „Das ist auch Landrecht, dass wir Friesen eine Seeburg stiften und stärken müssen, einen Goldenen Reif, der um ganz Friesland liegt." Die Stifter der „Seeburg" waren die im Hochmittelalter wohlhabend gewordenen Bauern, die gemeinsam dieses gewaltige Bauwerk über Jahrhunderte hinweg schufen. Geregelt werden mussten die Pflicht zur Mitarbeit am Deich und die gerechte Kostenverteilung. Diese legten die Mitglieder der Deichgenossenschaften in Deichordnungen fest. Streng war dieses Recht. „Well neet will dieken, de mutt wieken!" – dieser Spruch besagte, dass derjenige, der sich außerstande sah, seinen Deichteil zu unterhalten, sein Hab und Gut demjenigen zu überlassen habe, der diese Pflicht für ihn ausüben wollte.

Die Deichbauer erkannten bald, dass der Entwässerung der eingedeichten Fluren ebenfalls größte Bedeutung beizumessen sei, wollte man hinter den Deichen das Entstehen wattähnlicher Böden in Regenzeiten und harter, rissiger Böden bei Trockenheit verhindern. Die „Wasserbauer" entwickelten Siele. Diese mit selbsttätig sich öffnenden und schließenden Sieltoren versehenen Durchlässe in den Deichen ermöglichten bei Ebbe den Abfluss des Binnenwassers aus den tief gelegenen Ländereien über ein System von Gräben und Tiefs

„Es sind aber solche Sielen der Wasserschleusen sehr kostbar, daß einer solchen Sielen aus Holz, Eisen und Arbeitslohn wohl auf etzliche tausend Thaler zu stehen kommt, aber sehr nützlich, weiln durch selbige das inwendige vielfältige Wasser abgeführt, der Hafen gereinigt und das Land durch die angehängte starke Türen, so sich alsdann bei den aufsteigenden Fluten selbst zutun, für das einbrechende Seewasser beschützet wird."

(Arend um 1684)

ins Meer. Neben den Deichgenossenschaften entstanden die Sielgenossenschaften, die sich mit der Unterhaltung der Siele befassten.

In der zweiten Hälfte des 11. Jahrhunderts war im ganzen Friesland der Beginn einer Bewegung festzustellen, die vom Willen getragen wurde, Herrschaftsansprüche der königlichen Grafen auch unter Waffengewalt zurückzudrängen, mehr Eigenständigkeit zu erlangen. Sie wollte die „Friesische Freiheit" sichern, die sie als Freiheit von Grundherrschaft und Fürstenmacht verstand. Sie führte nicht zum Einsturz, wohl aber zu einer nachhaltigen Schwächung der Grafenautorität. Der König indes wurde weiterhin als der eigentliche Herr angesehen.

Als Organisationsform dieser Bewegung entwickelten sich die „Landesgemeinden". Diese waren genossenschaftlich geprägte „Bauernrepubliken" der freien Friesen, der Land- und Hofbesitzer also. Die Landesgemeinden, aus den früheren Gauen entstanden, umfassten mehrere Kirchspiele, deren Zusammenschluss sich wohl überwiegend nach geografischen Gegebenheiten vollzogen hatte. Sie konnten in Mittel- und Unterbezirke gegliedert sein. Die seit dem 11. Jahrhundert zunehmende Siedlungsdichte, die verbunden war mit einem deutlichen Wachstum des bäuerlichen Wohlstands, hat die Entwicklung der Landesgemeinden zusätzlich gefördert. Auf dem Gebiet der ostfriesischen Halbinsel gab es folgende Landesgemeinden mit ihren Hauptorten: Norderland (Norden), Harlingerland (Esens), Wangerland (Wittmund), Östringen (Jever), Rüstringen (Varel), Emsigerland (Emden),

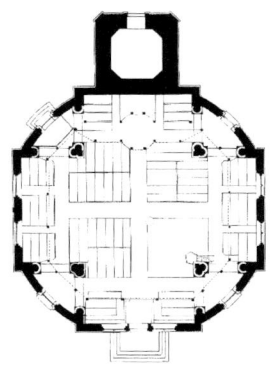

Leer / Große Kirche
Die Evangelisch-Reformierte Kirchengemeinde Leer baute zwischen 1785 und 1787 eine neue Kirche, einen barocken Zentralbau. Der Bauplan richtete sich nach den Grundsätzen der Reformierten Kirche. Die „Neue Kirche" in Emden und zwei Niederländische Reformierte Kirchen waren Vorbilder. Freistehende Säulen tragen das Kirchendach, eine Empore umläuft den Kirchenraum. Der spätbarocke Abendmahlstisch wurde 1787 hergestellt; den Taufstein fertigte man um 1200 aus Sandstein. Zeichnung: Günther Robra

Leer / Große Kirche
Nüchtern zeigt sich das Innere der Kirche, man ist gebunden an das biblische Bildverbot. Das gepredigte Gotteswort wird verkündet von einer Kanzel der Hochrenaissance aus dem Jahre 1609. Altar und Kreuz fehlen.

Brokmerland (Marienhafe), Auricherland (Aurich), Rheiderland (Weener), Mormerland (Leer), Lengenerland (Remels), Overledingerland (Backemoor). Die Landesgemeinde vermittelte ihren Bewohnern ein Gefühl der Zusammengehörigkeit, förderte solidarisches Handeln. Sie bot Schutz vor äußerer Bedrohung durch sächsische Grafenmacht, aber auch bei Konflikten mit anderen Landesgemeinden.

Bei der Verletzung des Rechtsfriedens wurde Gericht gehalten nach gesamtfriesischem Landrecht, z.B. den „Siebzehn Küren" und den „Vierundzwanzig Landrechten", oder nach Rechtssatzungen, die man besonders seit dem 13. Jahrhundert schuf. Hier sind der „Brokmerbrief" des Brokmerlandes und das „Asegabuch" von Rüstringen zu nennen. Das Landrecht umfasste Privat-, Straf- und Verfassungsrecht. Einen breiten Raum nahmen die Bestimmungen ein, die sich mit Gewalttaten befassten; diese konnten in der Regel mit Geld gebüßt werden. Umfangreiche Kataloge mit „Bußtaxen" waren damit notwendig.

Jährliche Wahlen bestimmten die „Redjeven" oder die in den lateinischen Quellen „Konsuln" genannten Ratgeber („Konsulatsverfassung"). Sie gehörten den angesehenen, vermögenden Bauernfamilien an. Mehreren von ihnen oblag gleichberechtigt die politische und militärische Führung der Landesgemeinde; sie waren Ratgeber, entschieden bei Vermögensauseinandersetzungen, sprachen als Richter und Geschworene Recht. Sie hatten für den Schutz des Handels zu sorgen und trieben Bußtaxen bei Gewalttaten ein.

Trotz aller Gegensätze und Feindseligkeiten zwischen den friesischen Landesteilen und Landesgemeinden gab es im Hochmittelalter Bemühungen um eine gesamtfriesische Politik. Der geschichtsträchtige Ort, an dem eine solche Politik greifbar wurde, war die Tagungsstätte Upstalsboom bei Aurich. Hier errichteten 1833 die ostfriesischen Stände eine noch heute vorhandene Steinpyramide zur Erinnerung an die in den Befreiungskriegen 1813 – 1815 gefallenen Ostfriesen. An dieser Versammlungsstätte trafen sich im 12., 13. und 14. Jahrhundert am Dienstag der Pfingstwoche die gewählten Abgesandten aller friesischen Länder. Diese ursprünglichen „Sieben Seelande" hatten sich zur Wahrung gemeinfriesischen Rechts und des Landfriedens im Upstalsboomverband zusammengeschlossen um den Landfrieden und den Rechtsfrieden zu wahren und in gemeinsamer Verteidigung äußere Feinde abzuwehren. Deren Führung fiel den aus der

„Das Bemühen um eine gesamtfriesische Landfriedensordnung bedeutete eine Anspannung weit über das Alltägliche hinaus; sie dauernd und in institutioneller Kontinuität durchzuhalten, die universitas ‚aller Friesen' Jahr für Jahr neu zu realisieren, war letzten Endes unmöglich."

(Heinrich Schmidt)

14

Schicht der maßgeblichen Familien gewählten seeländischen Richtern und Geschworenen zu. Die Versammlung am Upstalsboom führte das „Totius-Frisiae"-Siegel, dessen lateinische Umschrift übersetzt lautet: „Durch dieses Zeichen gibt das gesamte Friesland seine Beschlüsse kund, ihm und seinem Volk sei die Jungfrau Maria gnädig".

Bei dem „gesamten Friesland" handelte es sich eher um dessen östliche Landesteile. Es ist zweifelhaft, ob die Upstalsboom-Versammlung mit der gebotenen Autorität ihre Beschlüsse hat durchsetzen können. Als im 13. und im frühen 14. Jahrhundert die Landesgemeinden eigene Rechtssatzungen kodifizierten, trat die Rechtsfindung nach gesamtfriesischem Recht in den Hintergrund. Die erste Versammlung am Upstalsboom war vermutlich 1156, die letzte, so glaubt man, hat 1327 stattgefunden. Wahrscheinlich wurden die Tagungen nur mit großen Unterbrechungen abgehalten. Eine gesamtfriesische Einheit zu begründen, gelang dem Upstalsboom-Verband nicht, und sein Einfluss beim Erhalten des Landfriedens ist wohl eher gering gewesen.

Die Christianisierung Frieslands dauerte Jahrhunderte. Erst um 1200, so kann man annehmen, waren die Inhalte des christlichen Glaubens im Ganzen angenommen. Die Friesen waren jetzt auch bereit, sich für ihr Christentum einzusetzen. In den Jahrzehnten um 1200 beteiligten sie sich, zum Teil mit großen Schiffsflotten, an mehreren Kreuzzügen. Nach ihrer Erstürmung des Kettenturms von Daniette in Ägypten während des fünften Kreuzzuges (1218) wurden sie weithin gerühmt. Der Ort der Verkündigung waren die Kirchen, die in der Zeit vor dem 11. Jahrhundert oft herausfordernd auf geweihtem heidnischen Boden gebaut worden waren, zunächst aus Holz. In der zweiten Hälfte des 12. Jahrhunderts errichtete man die Gotteshäuser aus behauenen Granitfindlingen der beiden letzten Eiszeiten, aus Tuffstein, der von der Eifel über niederländische Häfen herangeführt wurde, und schließlich aus gebrannten Ziegelsteinen (Baksteinen). Den von den Römern entwickelten Ziegelbrand führten Zisterzienser-Mönche aus den Niederlanden ein. Beachtlich ist in Ostfriesland die große Dichte der Kirchenbauten aus dem 13. Jahrhundert, besonders in der Krummhörn und im Brokmerland. Auf einen großen Wohlstand der Stifter und Spender, der wohlhabenden Bauern, deuten diese zum Teil mächtigen Bauwerke hin. Als Kirchenbauer traten auch der Erzbischof von Bremen und der Bischof von Münster auf.

„Jedenfalls schufen sich die Landesgemeinden in großartigen, überdimensionalen Kirchenbauten zu Ehren ihrer Schutzheiligen sakrale Zentren für ihr Heil, so zu Esens im Harlingerland, Marienhafe im Brokmerland oder mit Östringfelde. Damit erwiesen die Harlinger, Brokmer und Östringer [...] nicht nur ihren Schutzheiligen die Reverenz, sondern bewiesen sie auch ihre enormen wirtschaftlichen, technischen wie künstlerischen Fähigkeiten und Möglichkeiten, die sich hinter denen von Reichsstädten und Landesherrn nicht zu verstecken brauchten."

(Hajo van Lengen)

Reepsholt / Kirche
Die Kreuzkirche in Reepsholt stammt aus dem 13. Jh. Der Häuptling der Friedeburg ließ die Kirche zur Wehrburg ausbauen. Gräfin Theda belagerte 1474 die Burg; ihr Feldhauptmann zerstörte die Westmauer des Kirchturms.

„Kulturgeschichtlich sehr wichtig ist in diesem friesischen Spätmittelalter der allmähliche Verlust der friesischen zugunsten der niederländischen Sprache, ein Prozeß, der sich bis in das 17. Jahrhundert hineingezogen hat. Der gleiche Vorgang ist im benachbarten Groningerland festzustellen. Der Grund für diesen Umbruch ist unbekannt, doch erinnern wir uns, daß beide Gebiete gemeinsam das östliche Friesland der karolingischen „Lex Frisonum" bildeten. Mit dieser Sprachwandlung zerbrach die Einheit der Frieslande."

(Walter Deeters)

Auch viele Klöster hat es in Ostfriesland gegeben, ihre Zahl wird mit 27 angegeben. Kaiser Otto II. veranlasste 983 die erste Klostergründung in Reepsholt, als zwei Schwestern ihr Erbe, zwei Bauernhöfe, der Kirche von Bremen geschenkt hatten mit der Auflage, ein Kloster zu gründen. Die meisten Gründungen indes vollzogen sich im 12. Jahrhundert, häufig ermöglicht durch Zuwendungen reicher und mächtiger Familien des Landes. Die Klöster, unter ihnen auch zahlreiche Doppelklöster für Mönche und Nonnen, gehörten neun verschiedenen Orden an. Besonders stark vertreten war der Johanniterorden mit zehn Klöstern. Die Klöster, Zentren des geistlichen und geistigen Lebens mit großem Einfluss auf das kirchliche Geschehen, gewannen auch an Bedeutung durch die Bewirtschaftung eines großen Grundbesitzes, durch Viehzucht, bei der Urbarmachung von Mooren und Ödland, beim Deich- und Sielbau. Ein nicht unerheblicher Teil der Bevölkerung arbeitete für die Klöster und sicherte sich so seinen Lebensunterhalt. Die Äbte und Pröpste waren nicht ohne politischen Einfluss, den sie auch zur Wahrung des Friedens geltend machten. Nach der Reformation löste das ostfriesische Grafenhaus die Klöster nach und nach auf und eignete sich deren Landbesitz und Klosterschätze an. Die meisten Klostergebäude wurden abgebrochen, ihre Ziegelsteine vielfach neu verwendet.

Im frühen 15. Jahrhundert vollzog sich in den Groninger Ommelanden und in Ostfriesland eine sprachliche Entwicklung: die Lösung vom Friesischen bei einer Hinwendung zur niederdeutschen Sprache. Während die einfache Bevölkerung und die Kleinbauern bei ihrer friesischen Sprache blieben, wandten sich die begüterten Bauern, Fernkaufleute, Gebildeten, auch Adlige dem Niederdeutschen zu. Es erlaubte dieser Schicht Sachverhalte differenzierter darzustellen, so in Verträgen und Rechtstexten; auch gewannen die Niederdeutsch Sprechenden ein größeres Sozialprestige. Sprachliche Verständigungsschwierigkeiten zwischen den beiden Gruppen waren nicht zu vermeiden, die beide Sprachen Beherrschenden traten gegebenenfalls als „Dolmetscher" auf. Die Stadt Emden ließ ihr Stadtrecht 1465 in Niederdeutsch aufzeichnen, Edzard I. verfügte 1515 ein Gleiches mit dem vereinfachten Ostfriesischen Landrecht. Der Ablöseprozess des Friesischen dauerte bis in das 17. Jahrhundert. Auf Wangerooge sprachen um 1900 einige ältere Inselbewohner noch die friesische Sprache. Im Saterland, einer Region südöstlich Leers, wird heute noch Friesisch gesprochen.

4 Häuptlinge

Herrschaftsanspruch der wohlhabenden Familien – „Hovet-
linge", die Häuptlinge – „Steinhäuser" und Söldner für den
Fehdefall – Einflussreiche Häuptlingsfamilien: Abdena, tom
Brok, Ukena, Cirksena – Hamburgs Kampf gegen die Seeräu-
ber – Focko Ukenas Sieg über Okko tom Brok; seine Nieder-
lage gegen den „Freiheitsbund" – Besetzung Emdens durch die
Hamburger – Ulrich Cirksenas Übernahme Emdens

In der Mitte des 14. Jahrhunderts traten in den friesischen
Landesgemeinden einflussreiche Familien auf, die die politischen, sozialen und wirtschaftlichen Verhältnisse zu bestim-
men suchten. Die „hovetlinge", die Häuptlinge, bedrängten
in ihrem Herrschaftsanspruch mehr und mehr die genossen-
schaftliche Ordnung, in blutigen Fehden störten sie den
Landfrieden. Innerhalb von drei bis vier Generationen versuchten sie, ihre Macht auszubauen, durch kluge Heiratspolitik verwandtschaftlichen Einfluss zu entfalten, in Erbgän-
gen Besitz und Amtsgewalt weiterzugeben.

Die Häuptlinge gehörten der Schicht der Wohlhabenden an.
Sie hatten Grundbesitz, beteiligten sich am Handel. Sie übernahmen Ämter in den Landesgemeinden, so das Richteramt
der „Redjeven", nahmen Aufsichtsfunktionen wahr in
Deich- und Entwässerungsverbänden. Die Häuptlinge besa-
ßen „Steinhäuser", nämlich aus Mauerziegeln errichtete
„Burgen". Über 130 soll es im ostfriesischen Raum gegeben
haben. Wohl in jedem Dorf standen diese schlichten, bewehr-
ten Wohn- und Wirtschaftsgebäude, die gelegentlich durch
einen Wehrturm ergänzt und oft von einem Wassergraben
umgeben waren. Nach friesischem Recht durften Steinhäuser
nicht von Dorfbewohnern errichtet werden; so bestimmte es
zum Beispiel der Brokmerbrief. Man sah in ihnen eine Bedrohung der Freiheit. Bewaffnete Krieger, vom Häuptling
zur Heerfolge verpflichtete Männer aus dem Umkreis der
Burg oder auswärts angeworbene Söldner, verliehen im Fehdefall Schlagkraft. Schwebend zwischen Abhängigkeit und
Ungebundenheit befanden sich die Bauern, die sich dem
Schutz der Häuptlinge anvertraut hatten. Sie waren zu um-
fänglichen Diensten verpflichtet, sie belieferten die Burg mit
Heu und Torf, mit Fleisch und Butter. Sie zahlten Abgaben.
Andererseits führte die Abhängigkeit dieser „Untersassen"
nicht zur Grundhörigkeit. Die Bauern blieben „frei", ihr
Rechtsbewusstsein setzte der Häuptlingsmacht Grenzen.

„Den Gemeindekirchen
folgten mit der Verbreitung
des Backsteins bald die
Häuptlingsburgen [...] und
ebenso die Pfarrhäuser
nach. In beiden Fällen sind
die Bauten in der Marsch
dicht gesät, ein deutliches
Indiz für den großen öffentlichen wie privaten Wohl-
stand diesen Küstenstrichs."

(Hajo van Lengen)

„Die meisten friesischen
Steinhäuser waren in
Häuptlingskämpfen und im
Verlauf der sächsischen
Fehde 1514 zerstört wor-
den. Von den Nachfahren
der mittelalterlichen Häuptlinge, die seit Anfang des
16. Jahrhunderts in der
Ständevertretung als Ritterschaft den ersten Stand
bildeten, wurden neue
Burgen gebaut. Viele dieser
Burgen sind später, bedingt
durch aufwendigere Le-
bensart der Besitzer oder
durch den Einfluß neuer
Baustile, erweitert oder um-
gestaltet worden. Aus einigen Burgen [...] entstanden
repräsentative Schlösser."

(Hildegard Schlachter,
Waldemar Reinhardt)

Einige der Häuptlingsfamilien konnten Macht und Einfluss zu beachtlicher Intensität steigern. Die Abdenas in Emden, in Besitz der erblichen Drosten- und Propstwürde, förderten die wirtschaftliche Entwicklung Emdens. Die aus dem Brokmerland stammende Dynastie der tom Broks residierte in der Auricher Burg. Ocko I. genoss in Neapel eine adlige Erziehung und ließ sich von der Königin Johanna von Neapel zum Ritter schlagen. Er dehnte seinen Machtbereich über weite Teile Ostfrieslands aus. 1381 besiegte er bei Loppersum eine Koalition von Häuptlingen aus dem Emsigerland. Das hohe Gut der „Friesischen Freiheit" verletzte er gröblich, als er seine Herrschaft von Herzog Albrecht von Bayern, dem Grafen von Holland, zu Lehen nahm. Ocko I. wurde 1391 bei seiner Burg in Aurich ermordet. Sein Sohn Widzel öffnete den Seeräubern Marienhafe als Schlupfwinkel gegen Teilhabe an deren Beute. Um der Seeräuberplage Herr zu werden, griff Hamburg 1400 die „Vitalienbrüder" auf der Unterems an und fügte ihnen erhebliche Verluste zu. Der jüngere Sohn Ockos, Keno, vertrieb den Häuptling Emdens und bemächtigte sich der Stadt. Er erweiterte eindrucksvoll seine Macht in Ostfriesland, dessen erste lockere Einheit er schuf. Sein Einfluss reichte bis ins Groningerland. Unter seinem Sohn Ocko II. – er nannte sich „Häuptling von Ostfriesland" – entwickelte sich eine Gegnerschaft zu Focko Ukena, dem Häuptling von Leer und früheren Gefolgsmann der tom Broks. 1426 kam es schließlich zwischen beiden zur bewaffneten Auseinandersetzung. Trotz der vom Erzbischof von Bremen entsandten Hilfstruppen musste sich Ocko geschlagen geben. In der 1427 geführten Schlacht auf den „Wilden Äckern" im Brokmerland konnte Ocko seinen Gegner endgültig niederringen. Die Macht der tom Broks zerbrach.

Focko Ukena stieg, begründet auch durch seine Heiratspolitik, zum mächtigsten Mann in Ostfriesland auf. Seine Herrschaftswillkür verletzte jedoch die Freiheitsvorstellungen der Bauern. Sie verlangten die Rückkehr zum Freiheit und Ordnung stiftenden alten Landrecht und zu den genossenschaftlich verfassten Landesgemeinden. Hier nun trat das Geschlecht der Cirksena sichtbar in die ostfriesische Geschichte ein. Häuptling Edzard Cirksena von Greetsiel führte den gegen Focko Ukena gerichteten, 1430 gegründeten „Freiheitsbund" an. Die Koalition des Bundes belagerte Fockos Burg in Leer, zerstörte sie und trieb ihn zur Flucht ins Groningerland.

Weil die Seeräuber immer noch den Handelsverkehr auf See bedrohten, griffen die Hansestädte, insbesondere Hamburg, 1433 erneut ein. Ihre Truppen besetzten Emden und nahmen dessen Häuptling Imel Abdena gefangen; zur Beherrschung des Umlandes bauten sie in Leerort und Stickhausen Burgen. 1439 übertrug Hamburg Edzard und Ulrich Cirksena die Verwaltung der Seehafenstadt. Nach einer mehrjährigen Unterbrechung seiner Präsenz an der Ems zog sich Hamburg aus Emden zurück und überließ Ulrich Cirksena gegen eine Verpfändung von 10000 lübischer Mark die Herrschaft über die Stadt. Edzard und seine Frau waren 1441 an der Pest gestorben. Die Zeit der Besetzung Emdens durch die Hamburger brachte der Stadt einen ausgeprägten wirtschaftlichen Aufstieg.

Bunderhee / Steinhaus
Das Steinhaus von Bunderhee, die mittelalterliche Burg, ist ein eindrucksvolles Bauwerk. Es besteht aus einem im 14. Jh. gebauten Turmhaus, das als Speicher und Schutzbau in Häuptlingskämpfen diente: Die Mauern sind etwa 1,30 Meter dick. Fenster fehlten, schmale Schießscharten ermöglichten die Abwehr von Feinden. Das am Ende des 15. oder im frühen 16. Jh. angebaute Gebäude ist ein Wohnhaus. In diesem Gebäudeteil hat die Ostfriesische Orgelakademie ihren Sitz.

5 Die Reichsgrafschaft und ihre „Herrlichkeiten"

Verleihung der Grafenwürde an Ulrich Circsena – „Reichsgrafschaft" Ostfriesland – Die „Herrlichkeiten", Machtnischen der Häuptlinge – Ulrichs früher Tod; die Regentschaft Gräfin Thedas – Edzard Cirksenas Machtstreben – Siege und Niederlagen – Die Sächsische Fehde – Vorbildliche Verwaltung Ostfrieslands, Förderung der Wirtschaft durch Edzard

„Am 23. Dezember [...] des Jahres 1464 wurde der Häuptling Ulrich Cirksena [...] unter Zustimmung der Besten des ostfriesischen Volkes feierlich belehnt und zum Ritter geschlagen. Damit wird die Epoche der ‚Friesischen Freiheit', die zuletzt in einer Zeit der Willkür und Zerrissenheit ausgemündet war, abgeschlossen. Ostfriesland war an diesem großen Tag seiner Geschichte als eines der letzten Territorien in den monarchisch regierten Staaten eingetreten."

(Günther Möhlmann)

Ulrich Cirksenas Wille war es, seiner Herrschaft über Emden Dauer zu verleihen. Ihm gelang es, die tom Brok-Erben zu bewegen, auf ihre Ansprüche auf das Brokmerland und das Auricherland gegen Zugeständnisse Ulrichs an anderer Stelle zu verzichten. Über die Erbansprüche seiner zweiten Frau Theda, einer Enkelin Focko Ukenas, konnte er seine Herrschaft im Overledingerland, Moormerland und Lengenerland legitimieren. Ulrich wurde sich bewusst, dass er einer stärkeren Rechtsposition bedurfte um seine Herrschaft in Ostfriesland zu festigen. Nur die rechtliche Einbindung in das Gefüge des Reiches durch Verleihung der Reichsgrafenwürde durch Kaiser Friedrich III. konnte ihm eine solche verschaffen. Abgesandte Ulrichs verhandelten in Wien über die Verleihung der Grafenwürde für ihren Herrn. Gegen eine Zahlung von 9000 Gulden wurde Ulrichs Wunsch erfüllt. Am 23. Dezember 1464 schlug Johann von Schaumburg als Gesandter des Kaisers in der Franziskaner-Kirche in Emden Ulrich zum Ritter, ernannte ihn zum Reichsgrafen und belehnte ihn mit der „Reichsgrafschaft Ostfriesland", das damit Teil des „Heiligen Römischen Reiches Deutscher Nation" wurde. Ulrich Cirksena war jetzt „Graf zu Norden, Emden, Emesgonien, in Ostfriesland". Die Stellung der noch selbstständigen Häuptlinge ließ Ulrich unangetastet; es blieb bei einem Nebeneinander ihrer „Herrlichkeiten" unter dem Schirm der Landesherrschaft des neuen Grafen. Dessen „Amtsverfassung" umfasste als Herrschaftselemente die Schutzgewalt, die hohe und niedere Gerichtsbarkeit sowie das Einfordern von Abgaben und Dienstleistungen von den Eingesessenen. Die Erträge aus dem Grundbesitz der Cirksena in der Krummhörn wie auch Einnahmen aus den Häfen Emden, Norden und Greetsiel, von den Märkten und aus Zöllen bildeten eine solide Grundlage des Grafschaftshaushalts. Einen großen Teil der Gelder setzte Ulrich ein für den Neu-und Ausbau von Bauwerken. Die Ludgerikirche in Norden und die große Kirche in Emden erhielten je einen Chor, in Greetsiel entstand ein Wasserschloss.

Ulrich starb 1466, bereits zwei Jahre nach Verleihung der Grafenwürde. Für Ulrichs unmündige Söhne Uko, Enno und Edzard übernahm seine Witwe, die umsichtige und zielstrebige Gräfin Theda, die Regentschaft, die sie bis 1485 innehatte. Sie erwarb 1481 das Amt Friedeburg.

Enno I. führte sechs Jahre die Grafschaftsregierung, dann übernahm sie sein Bruder Edzard I. Beherrscht von einem robusten Machtstreben, erkämpfte er für etliche Jahre die größte jemals erreichte territoriale Ausdehnung Ostfrieslands. Seine Kriegszüge brachten dem Land Zerstörung und Leid; zugleich leistete er Mustergültiges für die Landesentwicklung. Er verlangte Opfer von seinem Volk, das ihn dennoch verehrte.

Erfolgreich widerstanden die Häuplinge des Jeverlandes und des Harlingerlandes den Angriffen Edzards, der die Übernahme der Herrschaften erzwingen wollte, während Butjadingen seine Herrschaft anerkannte. Dem Verlangen Hamburgs und des Bischofs von Münster, alte Rechte in Ostfriesland zu aktualisieren, gab er nach, indem er deren Ansprüche mit hohen Summen lübischer Silbermark und rheinischer Goldgulden abkaufte.

Kaiser Maximilian I. ernannte 1498 Herzog Albrecht von Sachsen zum Reichsstatthalter über das ganze Friesland von der Zuidersee bis zur Weser, Ostfriesland also mit eingeschlossen. Edzard erklärte, Herzog Albrecht als Lehnsherrn nur dann anzuerkennen, wenn dieser die Grafschaft Ostfriesland als unangetastet bestätigte. Edzards Forderung wurde erfüllt. Das westerlauwersche Friesland und Groningen indes empörten sich gegen die sächsische Herrschaft. Herzog Albrecht konnte jedoch ihren Aufstand niederwerfen. Als der Herzog 1500 Edzard in Emden besuchte, starb er dort. Mit Albrechts Sohn Georg, dem neuen Statthalter Frieslands, überwarf sich Edzard. Der ostfriesische Graf verbündete sich jetzt mit Groningen, ja, er ließ sich sogar als Herr dieser mächtigen Stadt anerkennen. Für acht Jahre beherrschte er ein Gebiet, das von der Lauwers bis zur Weser reichte; nur das Jeverland und das Harlingerland blieben weiterhin selbstständig.

Die Übernahme Groningens durch Edzard hatte das Rechtsgefühl des Sachsenherzogs Georg tief verletzt. Als Inhaber der Herrschaftsrechte über Friesland ersuchte er den Kaiser mit Erfolg, über Edzard die Reichsacht zu verhängen. Deren Vollstreckung begann 1514. Unter den Schlägen der Truppen einer großen Koalition der Gegner Edzards, die Herzog

Heinrich der Ältere von Braunschweig-Wolfenbüttel in dieser „Sächsischen Fehde" führte, verlor Edzard große Teile seiner Grafschaft. Dann aber brachte ein Ereignis die rettende Wende. Bei der Belagerung der Feste Leerort zerschmetterte eine Kanonenkugel den Kopf des Herzogs Heinrich. Seines Führers beraubt, löste sich sein Heer auf. 1517 konnte sich Edzard aus der Reichsacht befreien. In Verhandlungen und auch in neuen Waffengängen errang er seine noch besetzten Burgen zurück, so dass er seine Herrschaft über das ursprüngliche Gebiet der Grafschaft Ostfriesland wieder ausüben konnte.

Mit Umsicht regierte Edzard bis zu seinem Tode 1528 seine Grafschaft, förderte die Wirtschaft seines wohlhabenden Landes, baute dessen Verwaltung aus. Diese hatte ihren Sitz in den Burgen der Ämter Friedeburg, Aurich, Norden, Berum, Greetsiel, Emden, Leer und Stickhausen. In den Burgen besorgten jeweils ein Drost und ein Amtmann die notwendigen Geschäfte, wie den Einzug der Abgaben bei den Zahlungspflichtigen und die Ausübung der niederen Gerichtsbarkeit. Emden war zur Residenz geworden. Ein Jahr vor seinem Tode führte Edzard in seiner Familie eine Erstgeburtsordnung, die Primogenitur, ein, die eine Zersplitterung des gräflichen Besitzes und der Herrschaftsrechte unter mehreren Nachkommen verhindern sollte. Bedeutungsvoll war Edzards Verfügung, die in Ostfriesland angewandten Rechtsvorschriften zu sammeln und zu überarbeiten. Dieses „Ostfriesische Landrecht" hatte bis 1809 Bestand.

„Dem Grafen Edzard hat man in Ostfriesland in begreiflicher Übertreibung den Beinamen ‚der Große' zugeteilt, ein ferner Widerhall der Tatsache, daß er die Bauern des Landes zu Feldzügen außerhalb des Landes aufbieten konnte. Das ging wider alle ostfriesischen Traditionen und war sicher nur möglich, weil die Person des Grafen eine derartige Ausstrahlung hatte, wie sie vor und nach ihm kein Cirksena erreicht hat."

(Walter Deeters)

Aurich / Marstall
Mit wohlgestalteter Barockfassade zeigt sich der Marstall. Dieses 1731 errichtete Gebäude gehörte einst zu der heute nicht mehr vorhandenen Schlossanlage. Seit langem dient der Marstall der Bezirksregierung als Behördenhaus.

6 Ein Religionsgespräch in Oldersum

Reformierte und Lutheraner – Tod Edzards des Großen –
Graf Enno II., Maria von Jever und ein gebrochenes Ehever-
sprechen – Konflikte um das Harlingerland – Gräfin Anna –
Johannes a' Lasco, der polnische Theologe – Bruderkämpfe
zwischen Edzard II. und Johann II.

Um 1520 fanden Luthers Glaubensaussagen auch in Ostfriesland Eingang und versetzten die Menschen in Unruhe.
Wortgewaltig trat der Erzieher der Söhne Edzards, Georgius
Aportanus, für die evangelische Lehre ein, späterhin besonders für deren reformierte Ausrichtung. Edzard übte sich
bei den Auseinandersetzungen in Zurückhaltung. Angeregt
durch seinen Ratgeber Junker Ulrich von Dornum, veranlasste er 1526 das denkwürdige „Oldersumer Religionsge-
spräch" zwischen dem Dominikaner-Prior Laurentius von
Groningen und den evangelischen Predigern Ostfrieslands
unter Aportanus' Führung. Ulrich von Dornum ließ das Ergebnis der Disputation drucken und verbreiten. So sorgte er
dafür, dass das reformatorische Gedankengut in Ostfriesland
eine breite Aufnahme fand. 1527 folgte ein weiteres Reli-
gionsgespräch in Norden. Aufmerksamkeit widmete man in
Ostfriesland den Glaubensvorstellungen Zwinglis und Cal-
vins, die sich im Verständnis des Abendmahls von Luther
unterschieden. Der Gegensatz zwischen der Lehre Luthers,
der profilierte Prediger in Ostfriesland fehlten, und der „reformierten" Glaubensaussage Zwinglis begann sich mehr und
mehr zu entfalten.

Edzard I., „der Große", in Ostfriesland geliebt und verehrt,
starb 1528. Sein Sohn Enno II. übernahm die Landesherrschaft. In seiner Person verband sich fehlende politische
Weitsicht mit Unsicherheit in den kirchlich-religiösen Din-
gen. Bei abnehmender Toleranz gegenüber der katholischen
Kirche näherte er sich lutherischen Glaubensvorstellungen.
Der Einführung einer lutherischen Kirchenordnung indes
widersetzten sich erfolgreich die „Reformierten". Im groben
Zugriff auf den „katholischen" Kirchenbesitz ordnete er an,
ab 1529 alles Gold und Silber aus Kirchen und Klöstern in
die gräfliche Schatzkammer zu überführen. Die Klöster hob
er auf, ließ sie zum großen Teil abbrechen, deren umfangrei-
chen Landbesitzes bemächtigte er sich. Die Mönche wurden
vielfach mit Pfarrstellen abgefunden. Gezielt war die Beseiti-
gung der Klosterarchive; ihre Urkunden sollten alte Kloster-

„Die Entwicklung in Ost-
friesland wurde von außen
aufmerksam beobachtet. So
preist Martin Luther 1539
in einem lateinischen
Widmungsgedicht den in
Emden residierenden Gra-
fen Enno II. als Verfechter
des Glaubens – mit dem
mahnenden Unterton, er
möge sich der drohenden
Irrwege enthalten. Und
1545 schließt sich Calvin in
Genf an; er widmet die erste
lateinische Ausgabe seines
Genfer Katechismus den
Pastoren in Ostfriesland."

(Walter Schulz)

„Fürstenreformation und
Stadtreformation konnten
sich hier im Neben-, Mit-
und Gegeneinander entfal-
ten, ohne daß ein die ganze
Grafschaft bestimmendes
Landesherrliches Kirchen-
regiment die konfessionelle
Einheit erzwingen konnte."

(Hans-Walter Krumwiede)

rechte nicht mehr darlegen können. Ebenso verschwanden die Klosterbibliotheken, was für die ostfriesische Geschichtsschreibung einen unermesslichen Verlust bedeutete.

Enno heiratete Anna von Oldenburg, überließ Butjadingen dem Grafen von Oldenburg, während dieser zugunsten der Cirksena auf Jever verzichtete. Enno II. verstieß mit seiner Heirat gegen ein Eheversprechen seines Vaters Edzard I., der ein solches beim Tode des Häuptlings Christoph von Jever dessen drei unmündigen Schwestern gegeben hatte. Es legte fest, dass Enno und sein Bruder Johann später Ehen mit den jeverschen Erbtöchtern eingehen würden. Eine Vereinigung des Jeverlandes mit der Grafschaft Ostfriesland sollte dann die Folge sein. Fräulein Maria von Jever, die seit dem Tode ihres Bruders die Regierung Jevers besonnen geführt hatte und eine ostfriesische Besatzung hatte ertragen müssen, war tief enttäuscht vom Bruch des Eheversprechens. Sie übertrug 1532 ihr Land dem Herzogtum Burgund zu Lehen und unterstellte sich damit dem Schutz des Kaisers Karl V. Nach ihrem Tode (1575) fiel Jever an den Grafen von Oldenburg, wie es Maria in ihrem Testament festgelegt hatte. Die Bemühungen Ennos II. das Harlingerland unter seine Gewalt zu bekommen scheiterten ebenfalls. Hier hatte Junker Balthasar von Esens eine starke Stellung aufgebaut, die Enno II. zu brechen suchte. Er verlangte, die Herrlichkeit Wittmund und einige Kirchspiele abzutreten und den Lehnseid zu leisten. Balthasar richtete an den Herzog von Geldern ein Hilfeersuchen, das den Herzog zum Handeln veranlasste. 1533 schlug er in der „Geldrischen Fehde" bei Jemgum das Aufgebot Ennos II. Weitere Widrigkeiten musste Enno II. im Konflikt mit seinem Bruder Johann durchstehen, der der katholischen Kirche treu geblieben war. Enno II. war genötigt, eine Abfindung für Johann aus der schon strapazierten Grafenkasse auszuzahlen. Enno starb 1540 nach nur zwölf Jahren einer von vielen Misserfolgen begleiteten Regierungszeit.

Ennos Witwe, Gräfin Anna von Oldenburg, übernahm 1540 die vormundschaftliche Regierung des Landes für ihre drei unmündigen Söhne Edzard, Johann und Christoph. Ihr Schwager Johann verzichtete 1541 auf die Nachfolge in der Grafschaftsherrschaft. Hilfreich war der Rat ihres Bruders, Graf Christoph von Oldenburg, bei ihren Entscheidungen zur Ordnung der kirchlichen Verhältnisse in Ostfriesland und zum Zurückdrängen der laxen Kirchensitten. Gräfin Anna berief den aus Polen stammenden adligen Theologen Johannes a' Lasco zum Superintendenten. Der hoch gebildete a' Lasco, mit Zwingli und Erasmus von Rotterdam bekannt, stand der Reformation schweizerischer Prägung nahe. Mit großen Schwierigkeiten konfrontiert, versuchte er ein straffes Kirchenregiment durchzusetzen. Er schuf eine regelmäßig zusammentreffende Synode, den Coetus. Der Widerstände überdrüssig, verließ er 1449 Ostfriesland. A' Lasco war es zum großen Teil zuzuschreiben, dass der westliche Teil Ostfrieslands, die Krummhörn, besonders Emden und das Gebiet über Leer hinaus bis zur südwestlichen Landesgrenze eine calvinistische Ausrichtung annahm, während sich im Osten des Landes Luthers Lehre durchsetzen konnte.

Gräfin Anna erließ eine Polizeiordnung, die die unterschiedlichsten Dinge im Miteinander ihrer Landeskinder regeln und deren Sittlichkeit festigen sollte. Sehr viel Unruhe brachte sie durch eine Änderung der von Edzard I. eingeführten Erstgeburtsordnung in die gräfliche Familie und in ihr Land. Sie ersuchte den Kaiser, alle drei Söhne, Edzard, Christoph und Johann, mit Ostfriesland zu belehnen. Nach Christophs in den Türkenkriegen früh erlittenem Tode gaben sich die gräflichen Brüder Edzard und Johann unnachgiebig einem jahrelangen Kampf um die Landesregierung hin. Edzard verlangte die alleinige Herrschaft, Johann forderte die Teilung der Grafschaft, die schließlich auf Anordnung des Kaisers 1589 vollzogen wurde. Ihm unterstanden die Ämter Stickhausen, Leer und Greetsiel. Edzard gewann Ansehen für das ostfriesische Grafenhaus durch seine Ehe mit der schwedischen Königstochter Katharina aus dem Hause Wasa. Die resolute Schwedin drängte Edzard in ein strenges Luthertum, was den Konflikt mit dem calvinistisch geprägten Enno verschärfte und das Ansehen der Landesherrschaft beschädigte.

„Dem energischen Autoritätsbedürfnis Katharinas korrespondierte zudem eine allen Zweifel ausschließende Überzeugung von der Richtigkeit des lutherischen Sakramentsverständnisses. Und es lag der zum Absolutismus drängenden Auffassung von Landesherrschaft wie selbstverständlich inne, die eigene Glaubensüberzeugung als heilsnotwendig auf das Land und die Untertanen zu projizieren."

(Heinrich Schmidt)

Gandersum / Emssperrwerk
Das Emssperrwerk ist ein Mehrzweckwasserbauwerk. Es wird mit seinen sieben Hub- und Drehsegmenten einen besseren Sturmflutschutz bieten und durch das Aufstauen der Ems Überführungen tief gehender Schiffe zwischen Papenburg und Emden verbessern.

Ditzum / Kirchturm
Wie ein Leuchtturm erhebt sich über den Dächern Ditzums der schlanke Kirchturm der Reformierten Kirche.

7 Feindschaften – und eine Revolution

Die ostfriesischen Stände – Zuflucht niederländischer Protestanten in Emden – Das calvinistische Emden im Widerstand zu Edzard II. – „Emder Revolution" – Einmischung der Generalstaaten – Der „Vertrag von Delfzijl" und die „Emder Konkordate" – Drei Streiter für Emdens Selbstständigkeit – Emdens Überfall auf Aurich – Der „Osterhusische Akkord"

Dem Grafenhaus standen die ostfriesischen Stände als Gegenpartei gegenüber. Diese hatten sich in Ostfriesland später als im Reich am Anfang des 16. Jahrhunderts formiert. Ihnen gehörten drei Kurien an: die Ritterschaft, die Städte und die Bauern. Die Ritterschaft bestand aus den Nachkommen derjenigen Häuptlingsfamilien, die Ulrich Cirksena 1464 nach seiner Erhebung in den Grafenstand gehuldigt hatten. Sie erhielten das Privileg, ihre Grundherrschaft als „Herrlichkeit" mit besonderen Rechten weiterzuführen. Die Städte Emden, Aurich und Norden schickten ihre Bürgermeister in die Ständeversammlungen, während die „Hausleute", die Bauern, bei ausreichendem Besitz als landtagsfähig galten.

Der Gegensatz zwischen den Ständen und der Landesherrschaft sollte über Jahrzehnte die Geschichte Ostfrieslands begleiten. Besonders die Stadt Emden trat als Widersacherin Edzards II. hervor. Ein weit reichender Handelsverkehr hatte die Stadt schon unter Gräfin Anna wirtschaftlich aufblühen lassen. Dazu hatte der von den Hamburgern eingeführte „Stapelzwang" beigetragen. Er nötigte jedes Schiff, das Emden auf der Ems passierte, seine Ladung drei Tage im Emder Hafen zum Verkauf anzubieten. Die gute Verfassung der Wirtschaft Emdens hatte das Selbstbewusstsein der Bürger gestärkt, es ließ ihren an die Landesherrschaft, an Edzard II. gerichteten Anspruch auf Teilhabe an der Führung ihrer Stadt artikulieren – und schließlich erkämpfen.

Nach Ausbruch des Freiheitskampfes der Niederländer gegen die spanische Zwangsherrschaft Philipps II. um 1566 suchten unzählige protestantische Glaubensflüchtlinge in Ostfriesland, vor allem aber in Emden, Zuflucht. Erst um 1600 sollten die letzten Flüchtlinge in ihre Heimat zurückkehren. Die Niederländer brachten kaufmännisches Wissen, handwerkliches Können, Handelsbeziehungen und Kapital mit. Ihre mitgebrachten Schiffe ließen Emden für Jahre zum größten Hafen Europas werden. Ausdruck des steigenden

Weener / Heimatmuseum
Die große, 1791 gebaute Dreiflügelanlage, das „Gasthuis", war für die Armen gebaut worden. Heute betreibt der Heimatverein das Haus als Museum. Die historische Entwicklung von Kultur und Wirtschaft des Rheiderlandes wird dargestellt. Eine im Museum aufbewahrte Kostbarkeit ist der „Holtgaster Altar" aus der Spätgotik.

Emden / Fischverkäuferin
In früheren Zeiten verkauf-
ten Fischverkäuferinnen den
frisch gefangenen Fisch.
Ihnen zur Ehre wurde das
Emder Fischmädchen „Jantje
Viss" aus Bronze aufgestellt.

Seit dem Tag des Delfzijler
Vertrages „war Ostfriesland
auf anderthalb Jahrhunderte
ein Satellit der Vereinigten
Niederlande, ein bequemer
Puffer in ihrem Nordosten,
und im Haag gewöhnten
sich die ‚Hochmögenden'
daran, von Ständen und
Grafen aus Ostfriesland
gleichermaßen Klagen
entgegenzunehmen und
darüber zu entscheiden."

(Walter Deeters)

Wohlstandes war das von 1574 bis 1576 erbaute prachtvolle, im Renaissancestil gehaltene Emder Rathaus.

Die Flüchtlinge hingen mehrheitlich der calvinistischen Glaubensform an; sie bereicherten das Kirchenleben Emdens, die Große Kirche wurde ihre „Moederkerk". Deren selbstbewusster Kirchenrat, aus vier Predigern und vier Kirchenältesten bestehend, stand in deutlicher Distanz zum Grafenhaus. Sein erster Prediger war seit 1575 der wortgewaltige, aus dem Groningerland stammende Menso Alting, eine beeindruckende Persönlichkeit; Alting wurzelte tief im Calvinismus, nur diesen wollte er als alleinige Glaubensrichtung gelten lassen und gegen den lutherischen Edzard II. durchsetzen. In seiner Haltung unterstützte ihn der größte Teil Emdens. Angetrieben vom Kirchenrat und vom „Vierziger-Ausschuss", die von 800 Emder Bürgern gewählte vierzigköpfige „Volksvertretung", wurde das Verlangen nach Selbstbestimmung in der Verwaltung ihrer Stadt, im städtischen Rechtswesen, in der Finanzverwaltung und natürlich in der Kirchenpolitik, immer vernehmlicher an die Landesherrschaft herangetragen. Dabei fanden sie die Unterstützung der Stände. Hinter der antigräflichen Formation standen die „Generalstaaten", die sich 1588 aus den sieben nördlichen niederländischen Provinzen gebildet hatten.

Eine Kirchenratsversammlung im Frühjahr 1595 war der Ausgangspunkt verschiedener Protestaktionen in Emden gegen das Grafenhaus. Sie mündeten ein in die Besetzung wichtiger Plätze und Gebäude der Stadt durch bewaffnete Bürger und die Vertreibung des gräflichen Magistrats. Der Höhepunkt der Demonstrationen war die Besetzung der Emder Burg und die teilweise Zerstörung ihrer Befestigungsanlagen. Edzard II. hatte die Burg bereits 1561 verlassen und seine Residenz nach Aurich verlegt. Die Ereignisse der „Emder Revolution" nötigten die Generalstaaten, Einfluss auf die Emder Unruhen zu nehmen. Sie vermittelten noch 1595 den „Vertrag von Delfzijl", der die Forderungen der Emder Oppositionsbewegung weit gehend erfüllte: den nur noch sehr beschränkten Einfluss Edzards II. auf die Verwaltung der Stadt und die Ausschließlichkeit der calvinistischen Lehre in Emden. Die Stadt an der Ems wurde zum „Staat im Staate". Der Delfzijler Vertrag eröffnete den Generalstaaten maßgebliche Einwirkungsmöglichkeiten.

1599 starb Edzard II., ihm folgte sein Sohn Enno III. in der Führung der Landesherrschaft. In den „Emder Konkordaten" von 1599 wurde ein weiterer Vertrag zwischen dem Grafenhaus und den Ständen geschlossen, der diesen die Steuerhoheit zugestand, der das ständische Hofgericht als zweites Gericht neben dem gräflichen Kanzleigericht zuließ und der die Konfessionsgrenzen in Ostfriesland festlegte. Der kleinere, wohlhabendere Westteil Ostfrieslands wurde calvinistisch, die größeren östlichen Grafschaftsgebiete lutherisch. In den Städten und Dörfern sollte nur eines der beiden evangelischen Glaubensbekenntnisse zugelassen werden. Die Konkordate führten, über Emder Belange hinausgehend, einen Interessenausgleich herbei, der jedoch die Position des Landesherrn schmälerte, die der Stände deutlich stärkte. Enno III. heiratete die Erbin des Harlinger Landes, Walpurgis von Rietberg. Diese Verbindung führte 1600 zum „Berumer Vertrag", der das Harlinger Land in eine Personalunion mit Ostfriesland brachte; im 19. Jahrhundert erfolgte die volle Integration in Ostfriesland, das bis 1744 keinen territorialen Veränderungen mehr unterworfen werden sollte.

Reich an Ereignissen war das Gegeneinander der ostfriesischen Kontrahenten im ersten Jahrzehnt des neuen Jahrhunderts. Im „Haagischen Vergleich" von 1603 suchte man wiederum einen Interessenausgleich zwischen dem Grafenhaus, den Ständen und Emden, der indes zu Lasten Ennos III. ausfiel. Emden setzte die Einrichtung einer Garnison der Stände in der Stadt durch, ihre Kosten hatte das Land zu tragen.

Ideelle Begleitung fanden die Stände und Emden durch zwei Gelehrte, Ubbo Emmius und Johannes Althusius. Emmius, 1574 in Greetsiel als Pastorensohn geboren, Rektor an den Lateinschulen in Norden und Leer, Mitbegründer und Professor an der Universität Groningen, verfasste die „Geschichte der Friesen", die „Rerum Frisicarum historia". Die Auflehnung gegen die Landesherrschaft, so Emmius, sei gegründet in der Idee der friesischen Freiheit und dem Widerstandsrecht gegen Tyrannenherrschaft. 1604 berief Emden Johannes Althusius zum Syndikus der Stadt. Althusius hatte als Professor für Staatsrecht an der calvinistischen Universität Herborn in seinen Schriften eine Staatsordnung entworfen, in der er das Volk als den eigentlichen Träger staatlicher Souveränität darstellte. Althusius setzte sich mit Alting und Emmius bedingungslos für die Belange Emdens und der Stände ein. Der Konflikt mit der Landesherrschaft unter Enno III. eskalierte 1609, als Emden unter Mitwirkung von 600 Soldaten der ständischen Garnison Aurich überfiel, die Burg besetzte, Räte gefangen nahm und Akten, die die Ver-

„Im Grunde war Edzard II. all den Problemen, die ihm aus der Zeit, aus den Entwicklungen in der politischen Umwelt, aus der besonderen Lage Ostfrieslands aufstiegen, weder in seinen Begabungen, noch in seinen äußeren Mitteln gewachsen. Bruderzwist, Ständekonflikt, niederländischer Krieg, konfessionelle Gegensätze trieben ihn in eine Politik krampfhafter Selbstbehauptung."

(Heinrich Schmidt)

„Für Ostfriesland liegt Emmius' Verdienst vor allem in seiner Tätigkeit als ‚Partei-Ideologe' der Emder oder Ständischen, die aus seinem historischen (friesischen) Freiheitsbegriff zu verstehen ist. Der Samen seines politischen Gedankenguts erwies sich noch bis über ein Jahrhundert nach Emmius' Tod als lebensfähig, und dies wurde auch von der Gegenpartei erkannt und ernstgenommen."

(Hidde Feenstra)

bindung des Grafenhauses mit Spanien aufzeigen sollten, wegschleppte. Auch Greetsiel wurde besetzt. Die Generalstaaten missbilligten den Überfall, wollten letztendlich den inneren Frieden in der Grafschaft, die unter Führung eines mit begrenzten Rechten ausgestatteten Landesherrn stehen sollte.

Zwei Jahre später, am 21. Mai 1611, wurde auf dem Landtag in Osterhusen der „Osterhusische Akkord" von Enno III. und den Landständen verabschiedet und von den Generalstaaten garantiert. Er bestätigte noch einmal die seit 1595 abgeschlossenen Verträge und legte bis zur Übernahme Ostfrieslands 1744 durch Preußen die ostfriesischen Verfassungsverhältnisse in 91 Artikeln fest. Er brachte Emden eine weit gehende Unabhängigkeit und bescherte den Ständen einen Zuwachs an Rechten, dem Grafenhaus indes eine Beschneidung seiner Herrschaftsmöglichkeiten, vor allem in finanzieller Hinsicht. Das ständische Hofgericht erhielt das Recht, die Einhaltung des Akkords zu kontrollieren. Ohne Zweifel wirkte der „Osterhusische Akkord" mäßigend auf die fortbestehenden Spannungen zwischen der Landesherrschaft und den Ständen wie auch innerhalb der Stände. Enno III. bemühte sich 1615 vergeblich um den Anschluss Ostfrieslands an die niederländischen Generalstaaten um durch sie seine wenn auch geschmälerte Herrschaft zu sichern.

Die dynamische Entwicklung Emdens sowie weiter Teile Ostfrieslands mündete jetzt, am Vorabend des Dreißigjährigen Krieges, in Stagnation. Die Emder Schifffahrt büßte ihre hervorragende Stellung ein, Bremen und Hamburg überflügelten die Hafenstadt. Erschwerend kam eine Entwicklung hinzu, die den Emder Hafenbetrieb mehr und mehr behinderte. Die Ems hatte sich im Laufe des 16. Jahrhunderts ein neues Flussbett in westlicher Richtung geschaffen. Die Emsschleife unterhalb der Stadtmauern verschlickte. Seit 1585 hatte die Stadt vergeblich versucht, mit einem gewaltigen, 4,5 Kilometer langen und äußerst kostspieligen Eichenpfahlwerk, dem „Emder Höft", die Ems in ihr altes Bett zurückzuleiten.

Mit dem „Osterhusischen Akkord" waren die Jahrzehnte dauernden Streitereien, Aggressionen, Intrigen und Bedrohungen mit Waffengewalt zu Ende. Der aufrührerische Ehrgeiz Emdens hatte seine Ziele erreicht: eine weitgehende Selbständigkeit der Stadt, die Garantie für einen selbstgewählten Magistrat mit eigener Kriegskammer und eigenem Finanzwesen und eine entscheidende Stärkung der Position des Emder Calvinismus, der Denken und Handeln, ja, das ganze Leben in der so aktiven Seehafenstadt Emden bestimmte."

(Helmut Eichhorn)

8 Ein Ständewappen vom Kaiser

*Der Dreißigjährige Krieg; fremde Truppen in Ostfriesland –
Erste Fehnsiedlungen – Enno-Ludwig, der „Reichsfürst" –
Vom Steuerstreit zum Waffengang – Neue Allianzen: Fürstin
Christine Charlotte mit den Generalstaaten, die Stände mit
dem Kaiser – Brandenburgs Truppen in Greetsiel – Die Cirksenas und die Welfen – Kaiserliches Belehnungsversprechen
an Brandenburg – Große Weihnachtsflut – Krieg zwischen
dem Fürstenhaus und den Ständen – Die „Emder Konvention" mit Preußen*

Auch das wehrlose Ostfriesland musste Last und Not des
Dreißigjährigen Krieges auf sich nehmen. Im Herbst 1622
bezogen auf Veranlassung der Generalstaaten 8000 Söldner
des böhmischen Grafen Mansfeld Quartier. Hunger breitete
sich aus, Übergriffe waren bald tägliche Ereignisse. Raubend,
tötend, brandschatzend zogen die Soldaten durch die Dörfer. Viele Menschen, besonders die Begüterten, flohen in den
Schutz der Emder Festungswälle, die um 1612 gebaut worden waren. Schließlich fanden sich die „Mansfelder" bereit,
gegen Zahlung einer Summe von 300000 Gulden Ostfries-

Emden / Rathaus
*Das 1944 durch Bomben
zum größten Teil zerstörte
Emder Renaissance-Rathaus
(1574/78) ließ die Stadt Emden durch den Bremer Archi-
tekten Wessel neu errichten
(1959/62). Die alte architektonische Gliederung blieb erhalten, auf eine Übernahme
historischer Einzelheiten
verzichtete man jedoch.
Das Rathaus beherbergt das
„Ostfriesische Landesmu-
seum" und das „Städtische
Museum", dessen weit be-
achtete „Rüstkammer" historische Waffen zeigt; sie stammen zum größten Teil von
den 21 Emder Bürgerkompa-
nien im 16. Jahrhundert.
Im Ratsdelft der Museums-
kreuzer „Georg Breusing".*

land zu verlassen. Die Generalstaaten liehen der Grafschaft den geforderten Betrag und verlangten die Burgen des Landes als Pfand. Emden weigerte sich jedoch, sich an der Rückzahlung zu beteiligen.

Im August 1625 starb Enno III. Sein Sohn Rudolf Christian trat die Nachfolge an. Im dritten Jahr seiner Herrschaft erlebte er die Besetzung Ostfrieslands durch die Soldaten der Armee Tillys und Wallensteins. Die kaiserlichen Regimenter, die bis 1631 blieben, verhielten sich disziplinierter; sie forderten auch Kontributionen, bezahlten jedoch ihre Verpflegungskosten. 1628 verletzte ein kaiserlicher Offizier bei einem Degenduell Rudolf Christian tödlich.

> „Ostfriesland hat sich von dieser Ausbeutung und Auszehrung nie wieder zu erholen vermocht. Es war eine Heimsuchung, schlimmer als alle Sturmfluten und die Zwietracht im Lande davor und danach."
>
> (Hajo van Lengen)

Die Führung der Grafschaft übernahm sein Bruder Ulrich II. Dieser hatte sich mit der dritten Heimsuchung seines Landes auseinanderzusetzen. Im August 1637 setzte sich Landgraf Wilhelm von Hessen mit einem Heer von 7000 Mann in Ostfriesland fest. Auch die Hessen verhielten sich zurückhaltend, belasteten jedoch das Land mit ihren Zwangsabgaben. Bei Leer und im Rheiderland zwangen die Hessen 1647 in Gefechten kaiserliche Truppen zum Rückzug. Erst 1648, nach dem Frieden von Osnabrück und Münster, räumten die Hessen das Land. Emden war bis zum Ende des Krieges unbesetzt geblieben.

Noch während des langen Krieges nahm man bedeutungsvolle Unternehmungen in Angriff. 1633 gründeten drei begüterte Emder Bürger nach holländischem Vorbild die Fehnsiedlungen Großefehn, Lübbertsfehn und Hüllenerfehn um die Versorgung Emdens mit dem Brennstoff Torf sicherzustellen. 1643 nahmen Walfangschiffe der Hafenstadt ihre Fahrten ins nördliche Eismeer auf. Im selben Jahr begann der Bau der in schlichtem Barockstil gehaltenen „Neuen Kirche"; sie war ein Zeichen städtischer Finanzkraft. Ulrich II. starb 1648; für eine Übergangszeit übernahm seine Witwe Juliane die Regentschaft. 1651 wurde ihr gerade volljährig gewordener Sohn Enno Ludwig Landesherr. Kaiser Ferdinand III. ernannte ihn 1654 zum „Reichsfürsten", der Titel war nicht vererbbar. Schon 1660 starb Enno Ludwig, sein Bruder Georg Christian folgte ihm. 1662 wurde ihm der nun für das Haus Cirksena erbliche Titel eines „Reichsfürsten" verliehen. Ostfriesland wurde jedoch kein Fürstentum, sondern blieb bis 1806 eine Reichsgrafschaft des Heiligen Römischen Reiches Deutscher Nation.

Emden / Neue Kirche
Der Emder Stadtbaumeister Martin Faber baute in den Jahren 1643 bis 1648 nach dem Vorbild der Amsterdamer Norderkerk für die reformierte Gemeinde die barocke „Neue Kirche".

In den Sechzigerjahren führte eine Auseinandersetzung um die Tilgung der Schulden bei den Generalstaaten fast zu einem Bürgerkrieg. Der Streit um die Höhe der Steuern eskalierte zwischen dem ostfriesischen Fürstenhaus mit Teilen der Ritterschaft sowie des dritten Standes aus der Geest und der Stadt Emden mit der Mehrheit des Adels und der Marschbauern. Bei Marienhafe lieferten sich die Gegner ein Gefecht, bei dem es Gefallene gab. In einem „Finalrezess", bei dem die Generalstaaten wieder einmal die Vermittlerrolle übernahmen, einigten sich die Parteien auf der Grundlage des „Osterhusischen Akkords" auf einen abschließenden Vergleich. Die ständischen Freiheiten wurden bestätigt und die Rechte der Parteien klarer definiert. Auch sollten die Stände ein geteiltes Vorgehen nicht mehr zulassen.

1665 starb Georg Christian im Alter von 32 Jahren. Seine Frau Christine Charlotte übernahm die Landesherrschaft, die sie 25 Jahre innehaben sollte. Die Tochter des Herzogs von Württemberg, die als herrschsüchtig galt, stand gedanklich einer absolutistisch grundierten Regierung nahe. Ihre Absicht, das Steuerwesen zu dominieren und ihr Verlangen, über Truppenkontingente zu verfügen, mussten zu Auseinandersetzungen mit den Ständen führen. Die Allianzen formierten sich neu. Fürstin Christine Charlotte fand in ihrem politischen Wollen Anlehnung an die Generalstaaten. Die Stände dagegen suchten in ihrer Befürchtung, dass sich die Generalstaaten wieder verstärkt in die ostfriesischen Belange einmischen würden, eine engere Verbindung zum Kaiser. Dieser schickte 1676 ein von den Ständen zu unterhaltendes Truppenaufgebot von 200 Mann nach Leer. Zum Zorn des Auricher Hofes fand die unterstützende Hinwendung des Kaisers zu den Ständen 1678 ihren Ausdruck in der Verleihung eines Ständewappens; es stellt einen unter dem Baum stehenden Krieger im Harnisch dar. Dieses „Upstalsboom-Wappen" ist noch heute das Symbol der Ostfriesischen Landschaft. Auf Bitten der Stände gab Kaiser Leopold I. unter dem Protest der Fürstin und der Generalstaaten seine Zusicherung, ihre in den Landesverträgen niedergelegten ständischen Rechte zu schützen. Ihre Realisierung übertrug er dem Kurfürsten von Brandenburg, dem „Großen Kurfürsten". So landeten 1682 brandenburgische Truppen in Greetsiel und besetzten dort die Stammburg der Cirksena. Im darauf folgenden Jahr zog der größere Teil der Einheiten nach Emden, wo eine Admiralität eingerichtet wurde. Die brandenburgischen Truppen blieben neben den ständischen und

Sie wählte „[...] eine ganz andere Rolle, nämlich die der selbstbewußten und selbständigen Herrscherin, die kompromißlos das Ziel verfolgte, Ostfriesland nach dem modernsten politischen Modell ihrer Zeit, dem Absolutismus, umzugestalten."

(Sabine Heißler)

Greetsiel / „Hohes Haus"
Das „Hohe Haus" von 1619 steht am Sieltief. Es war bis 1737 der Verwaltungssitz des „Amtes" für den nördlichen Teil der Krummhörn.

Emden / Pelzerstraße
Die meisten historischen Gebäude Emdens wurden in den Bombenangriffen des Krieges vernichtet. Zwei sehenswerte flämisch-niederländische Renaissance-Bürgerhäuser konnten restauriert und der Öffentlichkeit zugänglich gemacht werden (Wechselausstellungen, Teestube, Restaurant).

den niederländischen bis zum Ende der ostfriesischen Fürstenherrschaft 1744. Brandenburg verlegte auch seine „Afrikanische Handelskompanie" vom Ostseehafen Pillau nach Emden um den Seeweg zur afrikanischen Kolonie „Groß-Friedrichsburg" zu verkürzen. Emden und die Stände beteiligten sich als Gesellschafter an der Handelskompanie.

Christine Charlotte näherte sich den Welfen, als sie die Herzöge Georg Wilhelm und Ernst August von Braunschweig-Lüneburg zu Vormündern ihres Sohnes Christian Eberhardt bestellte, der kurz nach dem Tod seines Vaters geboren worden war. 1690 löste Christian Eberhardt seine Mutter in der Herrschaft ab. Der junge Landesherr mit pietistischen Neigungen versuchte versöhnungsbereit einen Ausgleich mit den Ständen, deren Rechte er im Ganzen im „Hannoverschen Vergleich" anerkannte. Er schloss 1691 einen Erbverbrüderungsvertrag mit Herzog Ernst August ab, der vorsah, dass bei einem Aussterben der Fürstenfamilie Cirksena die Landesherrschaft in Ostfriesland an das Welfenhaus falle. Kaiser Leopold I. hingegen räumte vertraglich Kurfürst Friedrich III. von Brandenburg auf dessen Gesuch die Lehnsanwartschaft auf die Grafschaft Ostfriesland in solch einem Fall ein. Nach Reichsrecht war nur das kaiserliche Belehnungsversprechen gültig.

Nach dem Tode seines Vaters Christian Eberhardt 1708 führte Georg Albrecht die Regierungsgeschäfte. Eine verheerende Viehseuche störte 1715 die gute wirtschaftliche Verfassung Ostfrieslands; ein Jahr später vernichtete ein unkontrollierbarer Mäusefraß die Getreide- und Gemüseernte. Und wieder ein Jahr später durchbrach am 25.12.1717 die „Weihnachtsflut" die Deiche und drang bis in die Geest vor. 2787 Menschen verloren ihr Leben, das Vieh ertrank, die Flut machte die Felder für mehrere Jahre unbestellbar. Das Wiederherrichten der Deiche dauerte bei immensen Kosten ungemein lange, was das politische Klima belastete. Georg Albrecht berief 1720 den in Esens geborenen Juristen Enno Rudolf Brenneysen an die Spitze der fürstlichen Landesverwaltung. Mit diesem Kanzler sollten sich die Spannungen zwischen dem Hause Cirksena und den Ständen bis zum Bürgerkrieg verschärfen. Brenneysens vom Absolutismus durchwirkter Pietismus prägte seine politischen Überzeugungen: Gottgewollt sei es, dass die Landeskinder ihrem Landesherrn Gehorsam schuldeten, dass die Stände sich der fürstlichen Ordnung unterordneten. Er verlangte die Steuerhoheit für den Landesherrn und den Rückzug fremder Besatzungen aus Ostfriesland. Schließlich verklagte er die Stände beim Kaiser wegen Korruption. Der Kaiser entschied über die Klage im Sinne Georg Albrechts. Der Gegensatz verschärfte sich auf das Heftigste – und spaltete die Stände. Während sich die „gehorsamen" Ständevertreter der ärmeren Geest dem Willen des Landesherrn unterordneten, näherten sich die „renitenten" Stände unter ihrem Wortführer Bernhard von dem Kapelle, dem Herrn von Groß-Midlum, einer mit Waffen ausgefochtenen Auseinandersetzung, dem „Appellekrieg". 1725 und 1726 kam es bei Leer zu offenen Gefechten, mehr als 100 Soldaten fanden den Tod. In den 1727 geführten Kämpfen bei Hage und in der Krummhörn mussten die Stände schließlich ihre völlige Niederlage hinnehmen. Georg Albrechts Truppen hatten bis auf Emden ganz Ostfriesland in ihrer Gewalt. Die Stände unterwarfen sich, zahlten eine „Renitentensteuer" und kamen für die Besatzungskosten auf, die die vom Fürsten ins Land geholten Oldenburgischen Truppen verursacht hatten. Unter der Mitwirkung der Generalstaaten folgte eine Phase der Mäßigung in der verhärteten ostfriesischen Politik. Nach einer vom Kaiser verfügten Amnestie wurden 1732 die Rechte der Stände in den Landesverträgen erneut bestätigt.

Aurich / Knodtsches Haus
Das Knodtsche Haus ist ein ansprechender Backsteinbau, der um 1735 am Marktplatz gebaut wurde.

1734 starben Georg Albrecht und sein Kanzler Brenneysen. Als letzter Landesherr trat Carl Edzard Cirksena sein Amt an. Zwei Jahre zuvor hatte König Friedrich I. von Preußen, der Nachfolger des „Großen Kurfürsten" von Brandenburg, durch Aufnahme des Herrschaftstitels „Fürst von Ostfriesland" seine Anwartschaft auf Ostfriesland in Konkurrenz zum Kurfürsten von Hannover bekräftigt. Dieser befürchtete eine Dauerpräsenz der Hohenzollern an der Nordsee. Das ostfriesische Fürstenhaus stand den preußischen Ambitionen in strikter Ablehnung gegenüber. Emden dagegen knüpfte Verbindungen zu Preußen. Im März 1744 – in Preußen herrschte seit 1740 Friedrich II. – schloss Emden mit Preußen eine geheime „Emder Konvention", die der Stadt im Falle der Übernahme Ostfrieslands durch Preußen eine Reihe von Rechten einräumte. All das geschah ohne Wissen des ostfriesischen Fürsten. Nur zwei Monate später, am 26. Mai 1744, starb Carl Edzard, ohne einen Nachfolger hinterlassen zu haben.

„Die Stadt verhandelte also ohne das Wissen des Landesherrn mit einer auswärtigen Macht über die wichtigste politische Frage. Einen deutlicheren Beweis für die Bedeutungslosigkeit des Fürsten konnte es wohl kaum geben."

(Günther Möhlmann)

35

9 Schlösser, auf Abbruch zu verkaufen

Ostfriesland, preußisch! – Preußische Zugeständnisse – Abzug aller fremden Truppen – Die „Kriegs- und Domänenkammer" – Siebenjähriger Krieg, Ostfriesland unter französischer Verwaltung – Die Conflans-Soldateska – Wirtschaftlicher Aufschwung – Preußische Handelskompanien in Emden – Das „Urbarmachungsedikt" – Der „Frieden von Tilsit" – Ostfriesland wird das „Departement Oost-Vriesland" – Britische Blockaden, französische „Kontinentalsperre" – 1810: Ostfriesland unter Napoleon – Der Untergang Frankreichs – Der Wiener Kongress: Ostfriesland gehört zum Königreich Hannover

Noch an Carl Edzards Todestag verkündete der Emder Magistrat die Besitzergreifung Ostfrieslands durch Preußen. In Aurich setzten am 1. Juni von Emden herbeigeeilte preußische Soldaten ein unmissverständliches Zeichen des Herrschaftswechsels. Ostfriesland war kein selbstständiges Territorium mehr, es wurde zur Provinz. Im Juni 1744 betrat der preußische Justizminister Cocceji die politische Bühne Ostfrieslands um das Verhältnis zwischen der neuen Herrschaft und den selbstbewussten Ständen zu regeln. Diesen trat Cocceji behutsam entgegen und beließ ihnen die Erhebung und Verwaltung der Landessteuern gegen eine jährliche Zahlung von 24000 Reichstalern; er verlangte für den Verzicht der neuen Landesherrschaft auf Rekrutierung ostfriesischer Soldaten und auf Einquartierungen weitere 16000 Reichstaler. Einkünfte flossen dem König vor allem aus den Domänen zu; er übernahm die Schulden der Cirksena. Den Generalstaaten garantierte er die Zahlung ihrer Forderungen, worauf sich die niederländischen Truppen aus Emden und Leerort zurückzogen; oldenburgische Einheiten verließen Aurich, die kaiserlichen Leer. Zur Unterstützung der Schuldentilgung ließ die preußische Verwaltung nach 1763 viele entbehrliche Schlossgebäude auf Abbruch verkaufen. Ebenso veräußerte man die Bibliothek und die Kunstsammlungen des ehemaligen ostfriesischen Fürstenhauses. Dem von Berlin geschickten Kriegs- und Domänenrat Bügel war die Aufgabe anvertraut die fürstliche Oberrentkammer in eine preußische „Kriegs- und Domänenkammer" umzuformen. Die zweite Kammer, die „Regierung", war Justizbehörde, sie befasste sich auch mit Schul- und Kirchenangelegenheiten. Bügel verstand es der äußerst unzulänglichen Landesverwaltung Ordnung und Effizienz zu verleihen. Der Nachfolger

Bügels war der energische Daniel Lentz, dem es ab 1748 oblag, ständische Verwaltungsrechte weiter abzubauen sowie die Emder Sonderstellung umsichtig zurückzudrängen. Lentz erreichte schließlich, dass die Steuerverwaltung ganz der Kriegs- und Domänenkammer übertragen wurde und Emden sich fortan genauso den Anordnungen der preußischen Verwaltung unterwarf wie das übrige Ostfriesland. Nach einer Periode der Zurückhaltung standen die ostfriesische Bevölkerung wie auch die weiter bestehenden Stände dem Wechsel in die preußische Ordnung entgegenkommend gegenüber; die unsägliche Zerrissenheit des Landes trat zurück. Als junger König besuchte Friedrich II. 1751 und 1757 Ostfriesland, dessen große Hafenstadt Emden ihn besonders interessierte.

Unruhe brachte der 1756 begonnene Siebenjährige Krieg auch nach Ostfriesland. Truppen des französischen Kriegsgegners besetzten das Land, ohne vom preußischen Bataillon Widerstand zu finden. Die französischen Infanteristen und Kavalleristen traten diszipliniert auf, belastend waren indes die Zahlungen für ihre Einquartierung. 1758, nach Preußens Sieg bei Leuthen, zog sich die französische Besatzung zurück. Bedrückend empfand die ostfriesische Bevölkerung 1761 den Einfall eines französischen Freikorps unter Führung des Marquis de Conflans. Seine zusammengesuchte Truppe wütete vierzehn Tage in Leer und Emden, in Aurich und Norden sowie in einigen Dörfern, brandschatzend, plündernd und mordend. Schließlich gelang es einem Aufgebot der Landbevölkerung, die Verderben bringenden Soldaten aus dem Land zu drängen.

Als Ostfriesland an Preußen fiel, hatte es ungefähr 90000 Einwohner. Etwa 60000 von ihnen lebten von der Landwirtschaft, als vermögende Hofbesitzer, als Pächter kleinerer Hofstellen oder als Landarbeiter. Die Viehzucht stand gegenüber dem Getreideanbau im Vordergrund. Auf 42 ostfriesischen Pferdemärkten trafen sich die Bauern. Emden mit einer Einwohnerschaft von 7000 Bürgern war das Zentrum des Seeverkehrs; die Sielhäfen Greetsiel, Norden und Carolinensiel sowie die Emshäfen Leer, Jemgum und Weener erstrebten mit Erfolg die Ausweitung des Seehandels. Ein wirtschaftlich aufstrebender Ort war der Flecken Leer. Schon in der Mitte des 16. Jahrhunderts hatten hier Mennoniten die Leinenweberei ansässig gemacht und ausgebaut. Den notwendigen Flachs bezog man aus den Anbaugebieten der nahen Geest oder auch außerhalb Ostfrieslands. Das als be-

„So hatte in der ersten preußischen Zeit Ostfrieslands die ‚friesische Freiheit‘ noch einen handgreiflichen, echten Inhalt. Daß Friedrich der Große und seine Nachfolger darauf verzichteten, diese ‚Freiheit‘ völlig in ihren absolutistischen Staat einzuschmelzen, hat entscheidend zu der Kontinuität eines auf dem Bewußtsein der Eigenständigkeit [...] beruhenden ostfriesischen Selbstgefühls bis in die Gegenwart beigetragen. Obwohl ein Teil Preußens, blieb Ostfriesland seinem Charakter nach sichtlich unpreußisch.“

(Heinrich Schmidt)

Norden /
Schöningsches Haus
Das 1576 erbaute „Schöningsche Haus“ zeigt eine reiche Renaissance-Fassade. Waagerechte Sandsteinbänder sind in die Mauer eingefügt, über den Fenstern sind muschelförmige Halbsteinbogen angebracht; Sandsteinfiguren schmücken den Treppengiebel.

Leer / Bürgerhaus
Diese 1806 gebaute
„Colonialwarenhandlung"
zeigt den niederländischen
Baustil.

sonders qualitätsvoll beurteilte ostfriesische Leinen verkauften Leinenhändler in die Niederlande. Ein besonderes Ärgernis war den Leinenhändlern aus Leer, aber auch den Kaufleuten aus den Emsorten das noch immer hartnäckig praktizierte Emder Stapelrecht. 1749 gelang es Kammerdirektor Lenz gegen Emder Interessen den Kaufleuten Leers, Weeners und Jemgums das Recht der Vorbeifahrt in einem gewissen Umfang einzuräumen.

Das Hauptinteresse Preußens galt dem Hafen Emden. 1750 gründete man die „Königlich-Preußische Asiatische Compagnie", der einige Jahre später die „Bengalische Handelsgesellschaft" und die „Levantinische Gesellschaft" folgten. Den Betreibern der Gesellschaften, Kaufleuten aus Emden und Westfalen, wurden einige Privilegien zugestanden; es gelang ihnen indes nicht, die Gesellschaften zu einem dauernden Erfolg zu führen. 1753 kehrte der mit 36 Kanonen bestückte Segler „König von Preußen" aus China zurück und löschte neben Seide, Damast und Porzellan wahrscheinlich die erste Ladung Tee in Emden. Das Teetrinken hatte sich in den wohlhabenden Schichten Ostfrieslands in der zweiten Hälfte des 17. Jahrhunderts durchgesetzt.

Nach Beendigung des Siebenjährigen Krieges verschaffte eine kräftige Konjunktur Ostfriesland für vier Jahrzehnte eine Periode des wirtschaftlichen Aufschwungs. Angeregt durch die Kriegs- und Domänenkammer und gefördert durch ein Liefermonopol für ganz Preußen, erlebte der Heringsfang einen Neubeginn. In Konkurrenz zu Leer bestimmten die Aktionäre der Heringsfischereikompanie Emden zum Heimathafen der Flotte von schließlich 54 Büsen, die Emder Werften gebaut hatten. Den 27 Ziegeleien verhalf die rege Bautätigkeit zu guten Aufträgen; Brennereien für Kornbranntwein, Ölmühlen und Seifensiedereien, Lederfabriken, Seilereien und andere „Manufakturen" erzeugten die im Lande benötigten Produkte.

„[...] in den Städten und Flecken Ostfrieslands mehrere Fabriquen zu etablieren, mehr Fremde und Handwerker ins Land zu ziehen und auch das platte Land mit mehreren Tagelöhnern zu bebauen; dabei käme es vor allem auf mehrere Menschen im Lande an."

(Instruktion aus Berlin, 1764)

Private Geldgeber gründeten um 1780 mehrere Fehnsiedlungen. Nur gering waren indes die Erträge aus dem Torfverkauf. So setzten die Kolonisten im sich ausweitenden Kanalnetz ihre Torfschiffe mehr und mehr für die Frachtfahrt ein, bis dann die größeren, seegängigen Einheiten – auch sie wurden in den Fehndörfern gebaut – den Frachtverkehr über See aufnahmen. 1765 hatte die preußische Regierung für Ostfriesland das „Urbarmachungsedikt" erlassen. Es bestimmte, dass alle Moor- und Heideflächen, deren Eigentümer nicht nachgewiesen werden konnten, als „Königsland" in Staatseigentum übergehen. Interessenten, vielfach Landarbeiter, auch entlassene Soldaten, konnten bis zu zehn Morgen große Moorstücke in Erbpacht übernehmen; von Abgaben waren sie sechs Jahre lang befreit. Die Kolonisten machten ihre Moorfläche für Buchweizen nach dem „Moorbrandkultur"-Verfahren anbaufähig. Die oberflächlich entwässerte, durchgehackte und abgetrocknete Oberschicht des „Ackers" wurde in Brand gesetzt. Die erzeugte Asche machte als natürlicher Dünger den Boden geeignet für die Aussaat. Das fatale Ergebnis dieses Verfahrens war, dass der Boden schon nach sechs Jahren erschöpft war; seine Regeneration beanspruchte mehr als zwei Jahrzehnte. Grundlose Wege, eine fehlende Moorentwässerung und eine unzulängliche Planung verschärften die Lage der in Armut und Not geratenen Siedler. Sie fielen den Armenkassen der angrenzenden Gemeinden zur Last, was zu tief greifenden Konflikten führte. Zorn hatte auch die durch das Urbarmachungsedikt verfügte Beschneidung des „Upstreksrechts" hervorgerufen. Dieses Recht gab den Altkolonisten die Möglichkeit, ihre Siedlungsfläche in das angrenzende besitzfreie Moor auszudehnen. 1791 hob die Auricher Behörde das Urbarmachungsedikt auf. Friedrich II., von seinen ostfriesischen Landeskindern verehrt, war 1786 gestorben. Ostfriesland blieb weiterhin unter preußischer Verwaltung.

Während des amerikanischen Unabhängigkeitskrieges wie auch nach dem 1795 von Preußen mit Frankreich abgeschlossenen Frieden von Basel suchten die durch englische Blockade behinderten niederländischen Reeder und Kaufleute Schutz und Fortgang ihrer Geschäfte im östlichen Nachbarland, im neutralen preußischen Ostfriesland, insbesondere in dessen Hafenstadt Emden. Sie führten die ostfriesische Wirtschaft noch einmal zu einer kurzen Blüte. In dieser Zeit entstand für den Fracht- und Personenverkehr der „Treckfahrtkanal", der Emden mit Aurich verband. Nachdem der Juister Pastor Janus auf den günstigen Einfluss des Seeklimas auf den menschlichen Körper hingewiesen hatte, forderten zwei Norderneyer Bürger, der Inselvogt Feldhausen und der Arzt Dr. von Halem, ein Seebad einzurichten. Die Stände stimmten 1797 der „Veranstaltung eines Seebades" zu. So wurde Norderney das erste Seebad an der Nordseeküste.

Seit 1803 überzog Napoleon die europäischen Mächte mit zahlreichen Kriegen. Im Frühjahr 1806 musste Preußen sich

„Im Ganzen durchaus fruchtbar in ihren Unternehmungen, setzte die Kammer einen ihrer Pläne in eine Tragödie der Unzulänglichkeit und Armut um: die auf das ‚Urbarmachungsedikt' von 1765 gegründete Kolonisation der ostfriesischen Moore."

(Heinrich Schmidt)

Emden / Kesselschleuse
Die 1885/86 gebaute Kesselschleuse ist einmalig in Europa. Vier Wasserstraßen kreuzen sich im Kessel, der einen Durchmesser von 33 Metern hat. Der von Osten herangeführte Ems-Jade-Kanal wird über die Schleusenanlage zum Emder Binnenhafen im Westen gelenkt: Aus dem Norden fließt der „Stadtgraben" bis zur Kesselschleuse, von der dann das „Fehntjer Tief" in den Süden führt. In vier Himmelsrichtungen ist also der Schiffsverkehr möglich bei Wasserstandsunterschieden bis 2,50 Meter. Das Foto zeigt die Nord- und Westschleuse.

Emden / Falderndelft
Von der Kesselschleuse kommend fahren die Schiffe über den mit vielen Bäumen umstandenen Falderndelft zum Binnenhafen. Der am Ufer stehende Hochbunker ist von mehrgeschossigen Wohnungen und Gewerberäumen umbaut.

„Die Drangsale dieser Fremdherrschaft mit ihrem verwirrenden Wechsel der Grenzen und Landesherrn klangen in der Bevölkerung noch lange nach. Starke Steuer- und Militärlasten und eine die historisch gewachsenen Verhältnisse ignorierende, rationale Neuorganisation der Verwaltung und Rechtsprechung riefen Unverständnis und Empörung hervor, die dann in den Jahren der Befreiung in die allgemeine nationale Begeisterung einmündeten."

(Dieter Brosius)

verpflichten, seine Häfen für britische Schiffe zu sperren. England antwortete mit einem Embargo gegen preußische Schiffe und mit einer Blockade von Ems, Weser und Elbe. Emden verlor den überwiegenden Teil seiner Flotte mitsamt ihrer Ladung, ähnlich erging es den Schiffen aus Leer und Norden.

Als Gegner Frankreichs erlitt Preußen im Oktober 1806 bei Jena und Auerstädt eine vernichtende Niederlage. Die preußischen Besitzungen westlich der Elbe trat Preußen 1807 im „Frieden von Tilsit" an Frankreich ab, damit also auch seine Provinz Ostfriesland. Ohne auf Widerstand zu stoßen, drangen 1806 holländische Truppen in Ostfriesland ein. Die Nördlichen Niederlande waren 1795 von der Revolutionsarmee besetzt worden; in das 1806 geschaffene „Königreich Holland" setzte Napoleon seinen Bruder Ludwig Bonaparte als König ein. Ostfriesland wurde mit Jever zum holländischen Departement „Oost-Vriesland" erklärt, das Rheiderland gliederte man in das Departement „Groningen" ein.

Hart war die Steuerlast, die das holländische Regime seiner ostfriesischen Provinz auferlegte. Es löste die Kriegs- und Domänenkammer auf, die landständische Verfassung wurde beseitigt; der „Code Napoleon" bestimmte seit 1809 die Rechtsprechung. Emden verlor seine Vorrechte, darunter das Stapelrecht und den Zoll.

Im November 1806 verfügte Napoleon die Kontinentalsperre über das europäische Festland. England reagierte mit einer Blockade der Häfen Frankreichs und dessen Verbündeter. Ein lebhafter Schmuggel entlastete wenigstens zu einem Teil die bedrängte Wirtschaft an der Küste. Norderney erhielt eine französische Besatzung und kanonenbestückte Festungswälle, die der Durchsetzung der Kontinentalsperre dienen sollten. Die später „Napoleonschanze" genannte Anlage ist in Teilen noch heute auf Norderney zu besichtigen.

König Ludwig dankte im Juli 1810 ab, woraufhin das französische Kaiserreich das Königreich Holland in sein Staatsgebiet eingliederte. Ostfriesland wurde zum Departement Ost-Ems mit den drei Arrondissements Emden, Aurich und Jever. Die Hauptstadt des Departements blieb Aurich, in dessen Amtsstuben sich eine völlig andersartige Verwaltungspraxis durchsetzte, die Amtssprache war Französisch. Die Gewerbefreiheit wurde eingeführt, sie war Ausdruck der liberalen Wirtschaftsverfassung. Emdens Kaufmannschaft

erhielt eine „Chambre de Commerce", den jüdischen Mit-
bürgern gewährte man die Gleichberechtigung. Die bislang
vom Wehrdienst befreiten ostfriesischen Männer sahen sich
im Frühjahr 1811 mit Aushebungen konfrontiert, denen sie
besonders in den Fehndörfern ablehnend bis zum offenen
Widerstand gegenüberstanden. In Timmel exekutierten die
Franzosen zwei Männer, die sich der Einberufung widersetzt
hatten.

Loppersum / Burg
Von hohen Bäumen des
Parks umgeben, zeigt sich
das „Herrenhaus" der
Familie von Frese. Drei
Burgen wurden an dieser
Stelle im Laufe der Jahr-
hunderte zerstört oder
abgebrochen. Die Burg
zeigt Stilelemente der in
Ostfriesland nicht unbe-
kannten Neugotik. Ein
Denkmal in der Nähe er-
innert an den Besuch des
blinden Königs Georg V.
bei seinem Adjutanten
Fritz von Frese.

1812 – Napoleons Russlandfeldzug endet in einer Katastrophe. In den Weiten der russischen Schneewüste ging eine Armee zu Grunde, fanden auch ostfriesische Soldaten den Tod.
Im November 1813 erreichten die Kosaken Ostfriesland, ha-
stig organisierten die französischen Truppen ihren Abzug.
Jubel breitete sich in der Bevölkerung der ostfriesischen
Dörfer und Städte aus, als Preußen ihr Land am 17. November 1813 wieder in Besitz nahm.

1814/15 legte der „Wiener Kongress" im Ausgleich zwischen
den politischen Mächten eine territoriale Neuordnung Europas fest. Preußen zeigte Interesse an Vorpommern; das mit
dem Königreich England in Personalunion stehende Königreich Hannover reflektierte die Übernahme der preußischen
Provinz Ostfriesland. In mehreren Schritten vollzog sich ein
Ringtausch, die Wiener Schlussakte besiegelte den Gebiets-
gewinn Hannovers. Mit Ablehnung stand Ostfriesland seiner neuen Obrigkeit gegenüber, die Übernahme empfand
seine Bevölkerung geradezu als Unglück.

Hinte / Wasserburg
In Hinte steht in unmittel-
barer Nähe der Evangelisch-
Reformierten Kirche die
vierflügelige Wasserburg
„Hinta". Die Besitzerfamilie
von Frese bewohnt die Burg,
die zu den wenigen in Ost-
friesland erhaltenen Häupt-
lingsburgen zählt.

10 Ostfriesland, eine Landdrostei im Königreich Hannover

Pewsum / Wasserburg
Der Herr von Lütetsburg, Häuptling Poppo Manninga, ließ sich eine Wasserburg in Pewsum bauen. Als verschwenderischer Edelmann war er schließlich gezwungen, die Burg zu verkaufen. Edzard II. und seine vermögende Frau Katharina II., die Tochter des schwedischen Königs, erwarben die Burg, die sie mit An- und Umbauten erweiterten. Katharina II., die sich gerne in der Pewsumer Burg aufhielt, wählte diese zu ihrem Witwensitz. Seit 1980 ist die Gemeinde Krummhörn die Eigentümerin der Manninga-Burg; der Pewsumer Heimatverein hat ein Nutzungsrecht.

Eine Feier im Auricher Schloss – Drosteiverwaltung, Ämter – Das „Hannoversche Sibirien" – Kampf der Stände um alte Privilegien – Höhere Getreidepreise: Wirtschaftliche Erholung – Wohlhabende Marschbauern, einkommensschwache Geestbauern – Planlose Moorkultivierung – Regsame Fehnbewohner – Ein agrarisch geprägtes Königreich Hannover – Emdens Hafen ein Provinzhafen – Fortschritte: „Neues Fahrwasser", „Hannoversche Westbahn", Straßenverbindung Emdens mit Norden und Aurich – Die wirtschaftliche Verfassung der ostfriesischen Städte – Norderney, die königliche Sommerresidenz – Märzrevolution, Unruhen in Ostfriesland – Ostfriesische Abgeordnete in der Paulskirche – Georg V. und der „Deutsche Krieg" – Ostfrieslands Wiedervereinigung mit Preußen

Im Dezember 1815 feierte eine Festgesellschaft im Auricher Schloss die Übernahme Ostfrieslands durch das Königreich Hannover. Die eigenwillige Provinz stellte die Landesherrschaft vor eine schwierige Zusammenarbeit. Man richtete eine „Landdrostei" ein, an deren Spitze ein „Landdrost" stand. Die Verwaltungsgliederung in Ämter übernahm man aus der Preußenzeit, Weener und Jemgum traten als neue Ämter hinzu. In den ersten Jahren beließ die hannoversche Regierung viele einheimische, in preußischen Diensten gestandene Beamte in ihren Stellungen, sicherlich in der Absicht, sie für das Welfenhaus zu gewinnen. Dennoch war Hannover gewillt, seine neue Drostei in das Gefüge des Königreichs einzubinden. Umfassender und strenger führte die Drosteiverwaltung die Aufsicht über die Gemeinden. Die Magistrate der Städte Emden, Norden, Aurich, Esens und Leer, das 1823 zur Stadt erklärt worden war, setzte jetzt die Landesregierung ein, so auch die Gemeindevorstände, die bisher in den Dörfern gewählt wurden. Der Staat war gegenwärtiger als zur Preußenzeit. Eine deutlich erhöhte Steuerlast verschärfte die ohnehin beschwerliche wirtschaftliche Situation im Lande. Mit der Zeit besetzten immer mehr hannoversche Beamte die Verwaltung. Von der Bevölkerung als Landfremde misstrauisch angesehen, empfanden sie ihre Versetzung in das „Hannoversche Sibirien" als degradierend.

1819 erließ Georg IV. eine neue Verfassung, die die Schaffung einer Allgemeinen Ständeversammlung mit zwei Kammern für das ganze Königreich als Organ aller ständischen Gewalten vorsah. Sie sollte dem Zusammenwachsen der alten welfischen und der neuen Landesteile eine neue Grundlage schaffen. Die ostfriesischen Ständevertreter verlangten indes, mit den alten Rechten ihrer Landesverträge ausgestattet zu werden. Die Regierung leistete Widerstand gegen dieses Begehren, fürchtete sie doch, dass ein Entgegenkommen die Einheit des Staates gefährden könne. Über drei Jahrzehnte sollte dieser Kampf um die Wiedererlangung überkommener Landschaftsrechte von den ostfriesischen Ständen geführt werden. Nun, die Spannungen zwischen Hannover und Ostfriesland verloren im Laufe der Jahrzehnte an Schärfe. 1846 erhielten die ostfriesischen Stände eine neue Verfassung, die ein beschränktes Steuerbewilligungsrecht einräumte und eine Beteiligung an der Gesetzgebung vorsah – wenn es um ostfriesische Belange ging.

Ab 1830 machten sich in Ostfriesland Zeichen der wirtschaftlichen Erholung bemerkbar, die vor allem durch steigende Getreidepreise ausgelöst worden war. Eine verheerende Sturmflut hatte 1825 den Niedergang der Landwirtschaft in den Rezessionsjahren dramatisch verstärkt, waren doch 80 % der Marsch bei der Katastrophe überflutet worden. Die Landwirtschaft bestimmte auch in der hannoverschen Zeit den ökonomischen Status der Landdrostei Ostfriesland. Stattlich waren die Marschhöfe, wohlhabend in guten Zeiten ihre Eigentümer und Pächter. Ihre Lebensführung und ihr Bildungsstand hoben sich deutlich von der übrigen Bevölkerung ab. Das Auskommen der Arbeiter und ihrer Familien jedoch war nicht immer gesichert. Viele von ihnen verließen ihre Heimat, wanderten aus, vor allem nach Amerika. Über sechs Prozent der Bevölkerung schlossen sich der Auswanderung an. Im Vergleich zu den wirtschaftlichen Möglichkeiten des Marschbauern waren die des Geestbauern erheblich bescheidener. Er leistete in seinem Familienbetrieb selbst die anfallenden Arbeiten. Vom Markt und dessen existenzbedrohenden Schwankungen war er dagegen unabhängiger. Vorteilhaft wirkte sich das Gemeinheitsteilungsgesetz von 1842 aus. Die im Gemeindebesitz befindlichen Flurstücke legte die Regierung in einer Flurbereinigung zu wirtschaftlich sinnvollen Größen zusammen und gab sie Siedlungswilligen zur Erbpacht. Ein augenfälliges Merkmal der neuen Flurstücke waren die zu ihrer Umgrenzung dienenden aufgeworfenen Wallhecken, deren Herstellung den Siedlern zur Pflicht gemacht wurde.

Mit neuer Betriebsamkeit versuchte die Regierung in Hannover die Moorkolonisation weiterzuentwickeln. Sie wies

Der Staat „trieb die sozialen Verhältnisse zu weiterer Differenzierung, hob die Schicht der großen, besitzenden Bauern in schärfere Distanz der Lebensführung und des Selbstgefühls zu den kleinen, unselbständigen, lohnabhängigen Leuten – eine Entwicklung, deren Ansätze schon mit der Konjunktur des späteren 18. Jahrhunderts verbunden sind. Sie zeigte sich in einem wachsenden Streben nach Verfeinerung der Lebensart, nach höherer, bürgerlicher Bildung, nach einem Stil der Wirtschaftsführung, der den Bauern den Typ des Unternehmers annäherte [...] und zugleich seinen ‚herrschaftlichen' Charakter gegenüber Gesinde und Tagelöhnern vertiefte."

(Heinrich Schmidt)

„Der Geestbauer blieb seßhafter, enger und sentimentaler mit seinem Besitz verbunden, als der Marschbauer – Anlegerkapital fand hier weniger Gelegenheit zu Besitzerwerb, suchte sie freilich auch nicht entfernt so eifrig, wie in der Marsch."

(Heinrich Schmidt)

indes alle Anzeichen der Planlosigkeit auf. Immer wieder fielen die Siedler den Armenkassen zur Last. Heruntergekommene Gestalten wurden als „Wilde" beschimpft, von Bettlern aus Moordorf fühlten sich die Städter im benachbarten Aurich belästigt. Auch die Menschen in den Fehndörfern hatten sich mit den Folgen einer stockenden Konjunktur auseinanderzusetzen, deren deutliches Zeichen der Rückgang des Torfabsatzes war. Wie schon in früheren Krisen bewährte sich die Beweglichkeit der Fehnbevölkerung. Sie fand einen Ausgleich in der intensiveren Nutzung landwirtschaftlicher Flächen, der Frachtschifffahrt und im Schiffbau.

Im 19. Jahrhundert brachte die von England ausgehende „Industrielle Revolution" in Deutschland Umwälzungen in der Produktionsweise und im gesellschaftlichen Gefüge. Das Königreich Hannover zeigte jedoch nur ansatzweise eine Industrialisierung; seine Wirtschaftspolitik galt überwiegend der Agrarproduktion, die sich wiederum in Ostfriesland noch ausgeprägter darbot.

Emden war 1842 mit 11947 Einwohnern die größte ostfriesische Stadt, die zugleich mit einem beachtlichen wirtschaftlichen Potenzial ausgestattet war. Sie sah sich jedoch schwer behindert durch den ihr 1806 widerfahrenden Verlust ihrer Flotte samt deren Ladungen. Erschwerend kam der sich seit 1815 abzeichnende Konjunktureinbruch hinzu. Der Hafen, Mittelpunkt des städtischen Wirtschaftsgeschehens, war in den ersten Jahrzehnten der hannoverschen Regierung nur mehr ein bedeutungsloser Provinzhafen, dessen Umschlag schließlich auf 15 % des Standes von 1806 zurückging. Emdens in Hannover vorgebrachter Wunsch galt neben anderem der Anbindung der ostfriesischen Wirtschaft an den rheinisch-westfälischen Wirtschaftsraum. Immer wieder wurde der Wunsch nach einem Ausbau der Ems zur schiffbaren Wasserstraße und des Emder Hafens vorgebracht. Von 1845 bis 1849 wurde das „Neue Fahrwasser" gebaut; dieser 3 km lange Kanal führte von den Delften durch die Insel Nesserland zur Ems. Ein Siel und eine Schleuse schlossen das Fahrwasser ab. Ein allgemeiner Wunsch wohl aller ostfriesischen Wirtschaftskreise war der Bau einer Eisenbahnlinie nach Westfalen. Die Verwirklichung dieser „Hannoverschen Westbahn", die von Emden nach Münster führte, begann 1851. 1844 war der Bau fester Straßen begonnen worden, sie führten von Emden über Georgsheil nach Norden und Aurich. Zu Recht warf man der Regierung in Hannover vor, wenig für die Entwicklung Ostfrieslands getan zu haben.

Greetsiel / Alter Kutterhafen
Am Greetsieler Kutterhafen
präsentiert sich hinter
dem Deich die Giebelfront
der gemütlichen, alten
Bürgerhäuser.

Aurich war das Zentrum der Handwerker, Kaufleute und Bauern der Geest. Ein nennenswerter wirtschaftlicher Austausch über die Grenzen Ostfrieslands hinweg bestand nicht. Die Bediensteten der Drosteiverwaltung und die in der Garnisonsstadt stationierten Soldaten waren ein belebender Faktor für die städtische Wirtschaft. Agrarisch geprägt waren die Stadt Esens und der Flecken Wittmund, der sich zum Mittelpunkt des ostfriesischen Pferdehandels entwickelte. Wie Aurich fehlten diesen beiden Orten wirtschaftliche Außenbeziehungen. Im Flecken Weener gedieh der Agrarhandel, schmale auswärtige Handelsverbindungen ermöglichte der kleine, aber verschlammte Hafen. Leers Kaufleute waren darauf bedacht, Gewerbe und Handel ihrer Stadt – sie hatte 1842 6744 Einwohner – durch vielerlei Aktivitäten zu fördern. Die Zeit der florierenden Leinwandproduktion war zwar vorbei, aber das 1808 weggefallene Emder Stapelrecht hatte wirtschaftliche Impulse gegeben. Leer mit seinem Hafen beteiligte sich am Fernhandel; 1840 überflügelte Leers Schiffsverkehr sogar den Emdens. Auch das 1848 von 5800 Einwohnern bewohnte Norden hatte einen Hafen mit einem Bestand von 12 Schiffen für den Seehandel. Die Stadt besaß eine Tabakfabrik, die importierte Rohstoffe verarbeitete. Ihr eigentliches Tätigkeitsfeld war jedoch der Agrarhandel.

Von den dem Festland vorgelagerten Inseln war Norderney die herausragendste. Stand man in Ostfriesland der hannoverschen Herrschaft allgemein ablehnend bis feindlich gegenüber, empfanden die Norderneyer die Zugehörigkeit zum Welfenhaus wegen dessen großzügiger Förderung ihrer Insel als segensreich. Bis gegen 1750 war die Küsten- und Hochseefischerei die Haupterwerbsquelle der Inselbewohner gewesen. Im 17. und 18. Jahrhundert hatte sie sich verstärkt der Frachtschifffahrt zugewandt. Diese war während der Kontinentalsperre zum Erliegen gekommen. 1819 hatte Hannover das Seebad übernommen. Die Bewohner der anderen ostfriesischen Inseln hatten in den vorangegangenen Jahrhunderten ihr Auskommen durch den Fischfang, die Frachtschifffahrt, eine kärgliche Landwirtschaft, die Verwertung der Strandmuscheln zur Kalkgewinnung und die Bergung von Strandgut gefunden. Sie wandten sich im 19. Jahrhundert wie die Norderneyer Bevölkerung dem Badeverkehr zu; der Fischfang und die Schifffahrt wurden beschränkt weiter betrieben.

1848 – die französische Februar-Revolution erfasste Deutschland. In den Bundesstaaten kam es zu Unruhen, verängstigte

Norderney / Kurhaus
1836 ließ das Königshaus Hannover auf Norderney das „Konversationshaus" bauen. Norderney entwickelte sich zum Treffpunkt des Adels. Der blinde Kronprinz Georg machte die Insel zu seiner Sommerresidenz. Mit nur geringen Veränderungen zeigt sich das heutige „Kurhaus"; die Kolonnaden und das Mitteltürmchen blieben. Viele Zuhörer stellen sich auf dem Kurplatz ein, wenn ein Orchester im Konzert-Pavillon (links) sein Publikum begeistert.

45

Fürsten zeigten sich zu mancherlei Konzessionen bereit. In Ostfriesland blieb es vergleichsweise ruhig. Besitzende und gebildete Bürger der Städte und auch Bauern der Marsch öffneten sich liberalen Anschauungen. Auf zahlreichen Versammlungen stellte man Forderungen, legte Petitionen vor. Von politischer Gleichberechtigung war die Rede, von einer Reform des Wahlrechts, von einem deutschen Nationalparlament für ein Deutschland in Einheit. Als Landarbeiter in der ostfriesischen Marsch angezogen wurden von der Verlockung, ebenfalls in öffentlichen Demonstrationen auf ihre miserable soziale Lage aufmerksam zu machen, kam es zu Ausschreitungen. Auf der Auricher Geest und den Moorgebieten fanden die Arbeiter Beistand von vielen Lehrern, die unter Führung des redegewandten Hauptlehrers Sundermann aus Hesel für die Belange der Menschen auf den Moorkolonaten eintraten und auch eine breite Volksbildung einforderten. Unter den Abgeordneten der Paulskirche waren drei Ostfriesen: der Emder Reeder und Getreidehändler Ysaak Brons, der Leeraner Amtsassessor Groß und der aus Dornum stammende Rechtsanwalt Röben. Sie vertraten einen gemäßigten Liberalismus. Mit lebhaftem Interesse verfolgten politisch aufgeschlossene Bürger Ostfrieslands die Vorgänge in der Paulskirche. Die revolutionäre Bewegung erstarb; die Erbitterung über die dirigistische Politik Hannovers wie auch über die Vernachlässigung Ostfrieslands waren in der ostfriesischen Bevölkerung zum Ausdruck gebracht worden.

Nach dem Tode des Königs Ernst-August 1851 übernahm sein Sohn Georg V. das Königreich Hannover. Der leutselige Monarch, der seit seinem 14. Lebensjahr erblindet war, fand vor allem auf Norderney die Zuneigung der Bevölkerung. Er richtete seine Sommerresidenz auf der Insel ein.

Festlich beging Aurich 1865 unter Teilnahme Georgs V. die fünfzigjährige Zugehörigkeit Ostfrieslands zum Königreich Hannover. Doch schon 1866 sollte sich der politische Schauplatz Deutschlands grundlegend ändern. Im „Deutschen Krieg" unterlag Österreich gegen Preußen. Hannover, im Bündnis mit Österreich, erlebte nach der Kapitulation seiner Armee bei Langensalza den Einmarsch preußischer Truppen. Jubel erfasste Ostfriesland über die Befreiung von hannoverscher Herrschaft und die Wiedervereinigung mit Preußen.

11 Eine bemerkenswerte „Kesselschleuse"

Ein „Regierungsbezirk Aurich" mit sechs Landkreisen – Die Ostfriesische Landschaft: Verlust ihres politischen Einflusses – Preußische Förderung des Emder Hafenausbaus – Neue Wasserstraßen und eine „Große Seeschleuse" – Leers städtischer Hafen – Verhaltene Enwicklung Nordens – Ausbau des ostfriesischen Eisenbahnnetzes – Moorkultivierung mit Erfolgen – Stockender Torfabsatz in den Fehndörfern – Reichstagswahlen – Ostfriesische Persönlichkeiten: Graf Edzard zu Inn- und Knyphausen, Leo Fürbringer

Die von wirtschaftlichen Interessen geleiteten Städte Emden, Leer und Norden wie auch der Flecken Weener stellten beredte Fürsprecher für den Anschluss Ostfrieslands an die preußische Provinz Westfalen. Eine Unterschriftensammlung erbrachte jedoch eine Mehrheit für den Verbleib in der Provinz Hannover. Preußen übernahm zunächst den vorhandenen Verwaltungsaufbau. Noch im deutsch-französischen Krieg wurde 1871 das Deutsche Reich gegründet, dessen 25 Bundesstaaten unter der Vorrangstellung Preußens standen. 1885 wurden aus den Landdrosteien Regierungsbezirke, an deren Spitze Regierungspräsidenten traten. Graf Edzard zu Inn- und Knyphausen setzte sich in Berlin mit Erfolg für die Beibehaltung der Verwaltungseinheit Ostfrieslands ein; es entstand der Regierungsbezirk Aurich. Ein Jahr vorher waren aus den sieben Ämtern die Landkreise Aurich, Emden, Leer, Norden, Weener und Wittmund gebildet worden; die Stadt Emden blieb kreisfrei. Zum Kreis Wittmund gehörte auch Wilhelmshaven, dessen Kriegshafen 1869 eingeweiht worden war. Bis 1937 sollte Wilhelmshaven zu Ostfriesland gehören.

In Ostfriesland schwanden die Möglichkeiten, eine eigenständige Position in der Landespolitik in einem ungleich größeren Preußen einzunehmen. Mit allen Provinziallandschaften im ehemaligen Königreich Hannover verlor auch die „Landschaft" das Recht, Ostfriesland politisch zu repräsentieren. Ihr Aufgabenfeld blieb die Verwaltung ihres nicht unbeträchtlichen Vermögens. Die von ihr 1754 ins Leben gerufene „Ostfriesische Brandkasse" erweiterte sie, 1870 gründete sie die „Ostfriesische Sparkasse" um auch wirtschaftlich schwächere Bevölkerungskreise mit Krediten versorgen zu können. Finanzielle Beihilfe leistete die Landschaft bei vielen Vorhaben, die die Wirtschaft Ostfrieslands stärkten, so beim

„[...] Mit der Einführung der allgemeinen Wehrpflicht und der Gewerbefreiheit schnitten die Preußen nun alte ostfriesische Zöpfe ab. Die preußisch gesinnten Ostfriesen hatten Mühe, ihre Enttäuschung zu verbergen und diese Erfahrungen mit ihren Erinnerungen in Einklang zu bringen. Auch die welfisch gesinnten Ostfriesen vermochten darüber keine Schadenfreude zu empfinden. Die Unterschiede ihrer Einstellung und Haltung gegenüber Preußen bzw. Hannover verschwanden und gaben ihren Blick frei auf allgemeinere und bedeutendere Fragen ihrer Zeit."

(Hajo van Lengen)

„Der Verkehr auf dem
Dortmund-Emshäfen-
Kanal hat begonnen. Gegen
Ende April traf der erste
Dampfer mit 1200 Tonnen
schwedischen Erzes [...] hier
ein, der in 3 Tagen gelöscht
wurde, so daß das erste
Kanalschiff mit Erz am
3. Mai 1899 in Dortmund
eingetroffen ist."

(Leo Fürbringers Bericht an
die Regierung in Aurich)

Eisenbahnbau und bei der Schaffung des Ems-Jade-Kanals, bei der Landgewinnung in der Leybucht und der Viehzucht. Die Landschaft wandte sich zudem verstärkt der Erforschung und Pflege der heimatlichen Kultur zu.

Vom preußischen Staat großzügig gefördert, entwickelte sich besonders die Stadt Emden in den Jahrzehnten von 1880 bis 1914 zu einem lebhaften Hafen- und Industriestandort. Mit etwa 180 Arbeitern wurde die seit 1867 arbeitende Strohpappenfabrik der größte Industriebetrieb Emdens am Ausgang des Jahrhunderts. Ihre Produkte exportierte sie bis nach Asien, Australien und in die Vereinigten Staaten. Auf Verlangen der kaiserlichen Marine wurde der zum Teil bedeichte „Ems-Jade-Kanal" unter Ausnutzung des Treckfahrtskanals zwischen Emden und Wilhelmshaven geschaffen. Dessen bemerkenswertes Bauwerk ist die „Kesselschleuse" mit ihren vier Schleusentoren in Emden. Als Wasserstraße für den Frachtverkehr nicht sonderlich nützlich, wurde der Kanal bedeutungsvoll für die Entwässerung der Hochmoore und der Geest. Der Ems-Jade-Kanal machte weitere Wasserbauten für das ostfriesische Entwässerungssystem erforderlich, in das auch der Hafen in Emden einbezogen wurde. Der Bau der Nesserlander Schleuse (1888) machte aus dem tideabhängigen Hafen einen tideunabhängigen Dockhafen, in dem man nun größere Schiffe abfertigen konnte. Erst der in den Jahren 1892 bis 1899 gebaute Dortmund-Ems-Kanal förderte nachhaltig die Entwicklung des Emder Hafens. Die 270 km lange Wasserstraße stellte die Verbindung her zwischen Emden und dem östlichen Ruhrgebiet mit seiner Schwerindustrie. Sie schaffte die Voraussetzung für den Massengutverkehr, insbesondere die Einfuhr von Erz für das Ruhrgebiet und die Ausfuhr von Kohle. Das vor der Nesserlander Schleuse liegende Außenfahrwasser, der „Außenhafen", konnte bei Flut von den größten Seeschiffen angelaufen werden. Den Binnenhafen baute man von 1905 bis 1913 weiter aus und schloss ihn mit der „Großen Seeschleuse" zum Außenfahrwasser ab. Sie war 260 Meter lang und 40 Meter breit und damit eine der größten Seeschleusen der Welt. Neben steigendem Güterumschlag wuchs auch der Schiffbau in neue Dimensionen. 1902 gründeten rheinisch-westfälische Unternehmer die „Nordseewerke". Eine Industriearbeiterschaft fasste in der Stadt Fuß und ließ Emdens Einwohnerschaft von 1900 bis 1915 von 16500 auf 24600 Einwohner steigen. Das soziale Gefüge änderte sich, Konflikte zwischen Arbeitgebern und Arbeitern, die bis zum Streik führten, blieben bei niedrigen Löhnen, langen Arbeitszeiten und mangelhaftem Arbeitsschutz nicht aus. In den Siebzigerjahren des 19. Jahrhunderts waren in Leer und Norden die ersten Gewerkschaften gegründet worden.

Leer blieb im Schatten Emdens, obgleich die Stadt ihre handwerklich strukturierte Industrie ausbauen konnte. Von Preußen nicht gefördert, modernisierte Leer zu Anfang des neuen Jahrhunderts mit Eigenmitteln den Hafen; ein großer Güterumschlag entfaltete sich jedoch nicht. Gleichwohl blieben Handelsbeziehungen nach Übersee bestehen.

Norden blieb wirtschaftlich seinem von der Landwirtschaft geprägten Umland verbunden, seine Industrie entwickelte sich nur sehr verhalten. 1878 begann dort die Maschinenfabrik Döpke mit ihrer Produktion. Der Hafen bot eine gewisse Basis für die Küstenschifffahrt. Neben den anderen ostfriesischen Inseln trat besonders Norderney mit dem Ausbau des Fremdenverkehrs hervor. Auf der 1866 zum Staatsbad erhobenen Insel weilten oft prominente Gäste aus fürstlichen und adligen Häusern, unter ihnen die Reichskanzler von Bismarck und von Bülow.

Die vielfach beklagte Verkehrsferne Ostfrieslands und die Schwierigkeiten innerhalb des Landes entfernt liegende Orte zu erreichen verringerten sich, als das ostfriesische Eisenbahnnetz zwischen 1881 und 1906 erweitert wurde. Es entstanden die Strecken Oldenburg – Leer – Neuschanz, Emden – Norddeich, Abelitz – Aurich und die „Küstenbahn" Norden – Wittmund – Esens – Sande. Neue schmalspurige Kleinbahnen, von den Ostfriesen liebevoll „Jan Klein" genannt, verbanden nun Emden mit Pewsum und Greetsiel sowie Leer mit Aurich und Wittmund. Die Dorfschiffer auf den Kanälen und Tiefs blieben zunächst wichtige Partner für den Transport aller Waren, besonders aber von Erzeugnissen der Bauern. Unter der Konkurrenz der Eisenbahn litt die Fehnschifffahrt. Zudem ging der Torfabsatz bei zunehmendem Steinkohleabsatz zurück. Existenzbedrohend für die Fehnwerften wurde die Umstellung der Werften auf den Bau von dampfgetriebenen Stahlschiffen. Hatte die hannoversche Politik es nicht verstanden, die Lebensverhältnisse in den Moorsiedlungen zu verbessern, so erreichte es die preußische Regierung mit dem Bau von Wegen, Straßen, Kanälen, mit dem Vergrößern der Kolonatflächen und dem Verbot von unkontrollierten Siedlungsausweitungen, die armselige Existenz der Siedler zu verbessern.

Südbrookmerland /
Großes Meer
Wochenendhäuser am Ufer bieten den Eigentümern und Gästen eine angenehme Erholung. Segeln, Surfen und Schwimmen sind gern betriebene Sportarten. Im Winter genießen Schlittschuhläufer die große Eisfläche.

Aurich / St. Lamberti
Die Klassizistische Backsteinkirche entstand zwischen 1833 und 1835. Im schlichten Kirchenschiff steht der anspruchsvolle Kreuzigungsaltar, angefertigt um 1515 in Antwerpen. Er wurde 1529 aus dem aufgelösten Zisterzienserkloster Ihlow nach Aurich gebracht.

> „Graf Edzard zu Inn- und Knyphausen war auch nach 1866 leidenschaftlicher Anhänger des unglücklichen Hauses Hannover geblieben und in dieser Beziehung ganz untypisch für die politische Gesinnung seiner Landsleute – die Welfen haben in Ostfriesland nie eine Rolle gespielt – aber mit seiner vielseitigen, keiner Partei verpflichteten Tätigkeit für die Belange des Landes gewann er sich um so mehr Sympathien, je mehr sich der Staub der Jahre auf die Ereignisse von 1866 legte; seine Erhebung in den erblichen Fürstenstand wurde von vielen Ostfriesen als eine Ehrung ihrer Heimat gefeiert."
>
> (Heinrich Schmidt)

Die wirtschaftlichen Gegebenheiten Ostfrieslands fanden ihre Resonanz bei den Wahlergebnissen in den zwei ostfriesischen Reichstags- und in den drei Landtagswahlkreisen. Die bürgerliche Wählerschaft der Städte, der produzierenden Wirtschaft nahestehend, wählte im Allgemeinen die Nationalliberalen; die Agrarinteressen verfolgende Bauernschaft der Marsch gab ihre Stimme den Konservativen. Die nach Aufhebung des Sozialistengesetzes (1890) gegründete Sozialdemokratische Partei Deutschlands setzte sich für die Belange der Arbeiter ein. Die Arbeiterschaft auf dem Lande war wenig geneigt, sich auf sozialistisches Ideengut einzulassen, vielfach wehrten sie sich gegen auswärtige Überzeugungsarbeit, die zudem durch sprachliche Verständigungsschwierigkeiten erschwert wurde. In Emden, Leer und Norden indes erreichten die Sozialdemokraten bei den Reichstagswahlen um 30 % der Stimmen. Die prominenteste Gestalt der Konservativen Ostfrieslands war Graf Edzard zu Inn- und Knyphausen; er war Mitglied des Reichstages und zeitweise Präsident des Preußischen Herrenhauses. Wilhelm II. erhob ihn 1900 in den Fürstenstand. Der Oberbürgermeister Emdens, Leo Fürbringer, trat als der herausragende ostfriesische Landtagsabgeordnete der Nationalliberalen hervor, zielstrebig betrieb er den Ausbau des Hafens und der Industrie seiner Stadt.

Aurich /
Landschaftsgebäude
Im Stil der niederdeutschen Neo-Renaissance entstand zwischen 1897 und 1900 für die „Ostfriesische Landschaft" ein eindrucksvoller Gebäudekomplex mit Turm. In seinem Sitzungssaal hängen die Portraits der ostfriesischen Grafen und Fürsten.

12 Strom aus dem Torfkraftwerk

Erster Weltkrieg – Novemberunruhen; Arbeiter- und Soldatenräte – Deutschland, eine Republik – Parteien, Wahlen – Lehrer, Inselbürgermeister, Regierungspräsident: Jann Berghaus – Inflation; wirtschaftliche Erholung – Wiesmoor – Einpolderungen – Weltwirtschaftskrise: Arbeitslosigkeit, Links- und Rechtsradikalismus

1914 – im spannungsgeladenen Europa lösten die Schüsse von Sarajewo den Ersten Weltkrieg aus. Deutschlands Hoffnung auf einen „Siegfrieden" zerbrach in seiner Niederlage. Im November 1918 verließen der Kaiser und seine Bundesfürsten ihre Throne, der Weg wurde frei für eine demokratische Republik.

Die Novemberunruhen 1918 in Wilhelmshaven – dort meuterten die Matrosen der Hochseeflotte – breiteten sich aus, erreichten Ostfriesland, seine Küstenorte und die meisten seiner Städte. In Emden konstituierte sich der „Arbeiter- und Soldatenrat"; die meisten ostfriesischen Städte folgten mit Räte-Gründungen. Gemeinsam lehnten sie den in Wilhelmshaven ausgerufenen „Freistaat Oldenburg – Ostfriesland" ab, die Arbeiter- und Soldatenräte unterstellten sich den Behörden. Weit entfernt von der in Wilhelmshaven gezeigten Umsturzheftigkeit, verstanden sie ihren Einsatz als Bemühen, sich ohne Gewaltanwendung für eine republikanisch-parlamentarische Staatsordnung einzusetzen. Von der Radikalität der Kommunisten distanzierten sie sich.

Mit der Annahme der Verfassung durch die gewählte Nationalversammlung entstand das „Deutsche Reich" als bundesstaatliche Republik. In acht Reichstagswahlen stellten sich zwischen 1920 und 1933 den Wählern bis zu 17 Parteien.

Im preußischen Regierungsbezirk Aurich, der neben dem Regierungsbezirk Osnabrück und dem Land Oldenburg einen Reichstagswahlkreis bildete, warben hauptsächlich sechs Parteien um Wählerstimmen, bis schließlich 1933 auch die Mehrheit der ostfriesischen Wähler der nationalsozialistischen Propaganda erlag und mit einem Stimmenanteil von rund 57 % die NSDAP wählte. Auch die zweite antiparlamentarische Partei, die KPD, konnte im Laufe der acht Wahlperioden einen Anstieg des Stimmenanteils bei den ostfriesischen Wählern erreichen. Dagegen mussten die SPD –

„In der politischen Struktur des Landes nach 1918 spiegelte sich die allgemeine deutsche Entwicklung. Während die liberalen Neigungen absanken, während die Sozialisten – vor 1914 in Emden kein Viertel, im stärker industrialisierten Leer immerhin über 30 Prozent der Wähler gewinnend – in den Jahren der Weimarer Republik auch in diesen Städten nie über das Drittel der Stimmen hinauskamen, wuchs, durch die Wirtschaftskrise beschleunigt, auch in Ostfriesland [...] die große Täuschung durch den Nationalismus dem Dritten Reich und seiner Katastrophe entgegen."

(Heinrich Schmidt)

sie war 1920 die stärkste Partei in Ostfriesland –, die konservative DNVP (Deutschnationale Volkspartei), die rechtsliberale DVP (Deutsche Volkspartei) und die dem Mittelstand nahe stehende linksliberale DDP (Deutsche Demokratische Partei) sich mit dem stetigen Abschmelzen der Wählerzuneigung abfinden, bis diese Parteien dann 1933 bei Hitlers Machtübernahme verschwanden.

Ein weithin geachteter Vertreter des linken Liberalismus war Jann Berghaus; er gehörte der DDP an. Die preußische Regierung ernannte ihn 1922 zum Regierungspräsidenten von Ostfriesland. Berghaus war damit der erste Ostfriese, der an die Spitze der Bezirksregierung in Aurich berufen wurde. Der 1870 geborene Berghaus durchlief die Lehrerausbildung; nach einigen Berufsjahren versetzte man ihn an die Volksschule Norderney, deren Rektor er wurde. Berghaus wandte sich der Politik zu; ihn wählte die Inselbevölkerung bei Kriegsende zum Bürgermeister.

Die Industrie- und Handelskammer in Emden konnte für die Jahre 1921 und 1922 von recht befriedigenden Erträgen in der ostfriesischen Wirtschaft berichten. Doch die großen Lasten der Kriegsfinanzierung und der drückenden Reparationenforderungen der Siegermächte sowie eine inflationsfördernde Ausgabenpolitik der Reichsregierungen führten zu einer immer schneller zugreifenden Geldentwertung. Das Fundament eines Gewinn bringenden Wirtschaftens brach weg, die Geldvermögen der bürgerlichen Mittelschicht verloren ihren Wert, Investitionen unterblieben. Arbeiter, Angestellte und Beamte stellten betroffen fest, dass ihre Löhne und Gehälter von Tag zu Tag an Kaufkraft verloren. Im Krisenjahr 1923 verschärften der Hitlerputsch, kommunistische Umsturzversuche und die Ruhrbesetzung durch französische Truppen die wirtschaftlichen Schwierigkeiten.

Im November 1923 führte die Reichsregierung die neue Währung, die „Rentenmark" ein, die Wirtschaft begann sich zu erholen. Regierungspräsident Berghaus setzte sein Bemühen darein, die Landwirtschaft an eine größere Effizienz heranzuführen und die Entwässerungsverhältnisse in der Marsch weiter zu verbessern. Auch galt seine Aufmerksamkeit den wirtschaftlichen und sozialen Problemen der Moorkolonien. Seit 1906 war das Hochmoorgebiet schrittweise kultiviert worden. Den dabei gewonnenen Torf verwendete das 1909 in Wiesmoor gebaute Kraftwerk für die Befeuerung der Kessel. 1925 ließen die „Nordwestdeutschen Kraftwerke"

„Die Liebe zu seiner Heimat war [...] auch gleichzeitig seine Stärke, denn an ihr wurde er von seinen Landsleuten gemessen [...] – Berghaus war für sie eine über Generationen vermißte Vaterfigur, sozusagen die personifizierte Integration aller Ostfriesen [...] und der Verteidiger ihrer Traditionen."

(Stefan Pötzsch)

Aurich / Schloss
Ulrich Cirksena ließ 1447
die Burg in Aurich bauen;
1825 wurde sie abgerissen.
Das Königreich Hannover
baute 1852 das „Schloss".
Bis heute wurde das „Regierungsgebäude" von den
Landdrosteien bzw. von der
Verwaltung des Regierungsbezirks genutzt.

Treibhäuser errichten, die mit der Abwärme des Kraftwerks beheizt wurden. Die unter Glas vielfältig heranwachsenden Gemüsesorten wurden auch im benachbarten Ausland vermarktet. Die in Wiesmoor erzeugte Elektrizität trieb die Pumpen der neuen Schöpfwerke an, die Ostfrieslands Niederungen umfassender als die windbetriebenen Wassermühlen von ihrer Wasserlast befreien konnten. Einpolderungen schufen in den 20er-Jahren neues Ackerland, so 1922 das Larrelter und Wybelsumer Polder und 1929 das Leybuchtpolder mit seiner neuen Siedlung Neuwesteel.

1929 wurden die Zeichen einer weltweiten Wirtschaftskrise immer beunruhigender, bis sie schließlich unzählige Unternehmen, mittlere und kleine Betriebe mit in den Abgrund riss, so auch in Ostfriesland. In Emden lag der Schiffbau weitgehend still, 83 % der Tonnage Emder Reedereien wurden nicht mehr benötigt; eine außergewöhnlich hohe Arbeitslosigkeit erfasste das Land. Linker und rechter Radikalismus sahen ihre Stunde gekommen. Die bisher bedeutungslose NSDAP gewann ab 1930 mit ihren aufwühlenden Parolen bei der verunsicherten Bevölkerung sprunghaft an Gewicht. Die Reichstagswahlen von 1930 bis 1933 brachte ihr im Reich einen deutlichen Anstieg der Stimmen. Im Regierungsbezirk Aurich entwickelten sich die Stimmenanteile für Hitlers Partei ähnlich. Hier brachten die Wahlen von 1930 den Nationalsozialisten 22,8 %, die vom Juli 1932 44,2 %.

Aurich / Ev.-Ref. Kirche
Der Auricher Baumeister C. B. Meyer baute in den Jahren 1812 bis 1814, bei finanzieller Unterstützung des französisches Regimes, in seiner Heimatstadt eine beeindruckende Kirche in klassizistischen Formen. Eine Vier-Säulen-Fassade bildet den Eingang in das Kircheninnere. Eine von acht Säulen getragene Kuppel mit Oberlicht schließt den Innenraum ab.

Aurich / Pingelhaus
Die Glocke auf dem Dach des Hafenwärterhauses wurde geschlagen („pingeln"), wenn das von den Pferden gezogene Treckschiff planmäßig mit Reisenden und Waren abfuhr. Der Treckfahrtskanal zwischen Aurich und Emden wurde 1798/99 gegraben und 1868 stillgelegt.

13 Hitler, Krieg, Not

Hitlers Machtübernahme – Wahlen in Ostfriesland – „Nationale Revolution" und „Gleichschaltung" – Der „Gau Weser-Ems" – Juden in Ostfriesland – Wirtschaftliche Impulse im „Reich" – Der Zweite Weltkrieg – Emder Bombennächte – Juden verlassen Ostfriesland, „Endlösung" – Kriegsgefangene, Fremdarbeiter, KZ-Häftlinge – Eine neue Verfassung für die Ostfriesische Landschaft – „Friesenwall", Bodenkämpfe, Kapitulation

Am 30. Januar 1933 übernahm Adolf Hitler die Macht. Im darauf folgenden März gewannen die Nationalsozialisten in Ostfriesland einen Stimmenanteil von 47,5 %, der mit 3,6 % über dem Reichsdurchschnitt lag. Über den ostfriesischen Durchschnitt kletterten die Wahlergebnisse für die Hitlerpartei in den Kreisen Wittmund (70,4 %), Aurich (67,3 %), Leer (56,2 %) und Norden (52,7 %); die Wählerschaft Emdens zeigte sich gegenüber der Partei der neuen Machthaber zurückhaltender (37,8 %).

Die Folgen von Hitlers „Nationaler Revolution" traten den Deutschen alsbald vor Augen. Zügig setzte das Regime Verordnungen und Gesetze in Kraft um das verhasste „Weimarer System" zu beseitigen. Unter dem Schlagwort „Gleichschaltung" richtete es alle Organe des Reiches und der Länder, der politischen Organisationen und nahezu aller gesellschaftlichen Lebensbereiche auf den nationalsozialistischen Führerstaat und seine Ideologie aus. Die NSDAP als alleinige Trägerin des Staatswillens kontrollierte mit ihren „Gliederungen" streng das politische, wirtschaftliche und geistige Leben. Als regionale Organisationseinheiten der Partei wurden 33 „Gaue" eingerichtet. Im Nordwesten des Reiches entstand der „Gau Weser-Ems", dessen Leitung man „Gauleiter" Carl Röver im Gausitz Oldenburg übertrug. Neben die staatlichen Behörden traten mit wachsendem Einfluss die Dienststellen der Partei bis zum Zellen- und Blockleiter auf unterster Ebene.

Engerhafe / Mahnmal
Auf dem Friedhof in Engerhafe steht ein dreiteiliges Mahnmal zur Erinnerung an die 1944 im Konzentrationslager Engerhafe Gestorbenen; ihre Namen stehen auf den beiden Außentafeln.

„Hei is uns Heergott!" soll eine Frau aus der Krummhörn in ihrer Hitlerbegeisterung ausgerufen haben. Sie hatte damit die allgemeine positive Zukunftserwartung in der Bevölkerung ausgedrückt. Eine Bevölkerungsgruppe indes wird geahnt haben, dass sie in der kommenden Zeit bedrohlichen Gefährdungen ausgesetzt sein würde: die Juden.

Seit über 400 Jahren wohnten Juden in Ostfriesland. Die Anfänge der Judensiedlung liegen um 1530, als Menschen jüdischen Glaubens sich vor den Toren Emdens niederlassen durften. In den Jahrhunderten oft einengenden Verfügungen unterworfen, erlebten sie ihre größte Freiheit unter holländisch-französischer Herrschaft im ersten Jahrzehnt des 19. Jahrhunderts. Nach der Volkszählung von 1925 bekannten sich 0,87 % der ostfriesischen Bevölkerung zum jüdischen Glauben, ein Anteil, der für ein ländliches Gebiet recht groß war. 700 der rund 2500 ostfriesischen Juden wohnten in Emden, in allen ostfriesischen Städten und zahlreichen Dörfern gab es jüdische Gemeinden. Auf Norderney hatte die Inselverwaltung 1878 für die zahlreichen jüdischen Gäste eine Synagoge gebaut. Viele der jüdischen Familien wohnten seit Generationen in Ostfriesland, sie nahmen teil am gesellschaftlichen Leben, sie sprachen plattdeutsch. Überwiegend waren sie Viehhändler, Schlachter sowie Kaufleute. Am 1. April 1933 fand im Reich die Boykottaktion gegen jüdische Geschäfte statt, die propagandistisch vorbereitet worden war. Fünf Jahre später, im Herbst 1938, setzten die Nationalsozialisten in der Reichskristallnacht die Synagogen in Brand, inhaftierten viele männliche Juden und verbrachten sie für einige Monate in Konzentrationslager. In Ostfriesland zerstörte das Feuer die Synagogen in Emden, Norden, Leer, Aurich, Esens und Weener.

Dornum / Synagoge
Von einer Synagoge in Dornum wird seit 1730 berichtet. 1841 baute die jüdische Gemeinde die abgebildete Synagoge; sie wurde 1938 an einen Tischlermeister verkauft. In der „Reichskristallnacht", im November 1938, wurde die Synagoge gestürmt, sie blieb aber erhalten. Erst 1991 übernahm die jüdische Gemeinde wieder das Gebäude und restaurierte es. Gegenwärtig ist sie eine „Informations- und Gedenkstätte".

Hitler hatte schon vor seiner Regierungsübernahme versprochen, die Arbeitslosigkeit zu beseitigen und den „bedrohten Mittelstand" zu fördern, was ihm neben der in weiten Teilen der Bevölkerung herrschenden Verdrossenheit über den Weimarer Staat die Wählermassen zugetrieben hatte. Groß angelegte Arbeitsbeschaffungsmaßnahmen – der Autobahnbau war wohl die publikumswirksamste – ließen die Arbeitslosenzahlen rasch sinken. 1935 führte die Regierung den „Arbeitsdienst" und die allgemeine Wehrpflicht ein, welche beide den Arbeitsmarkt zusätzlich entlasteten. Bei steigendem Arbeitskräftebedarf beschleunigte die Rüstungsindustrie ihre Anstrengungen, die deutsche Wirtschaft in vier Jahren „kriegsfähig" zu machen, wie es Hitler 1936 verlangt hatte. Ab 1933 sank die Arbeitslosigkeit in Ostfriesland beeindruckend von 21880 Beschäftigungslosen bis auf 31 im November 1938. Die wirtschaftliche Situation der Städte Emden, Aurich und Leer verbesserte sich hier, als die Wehrmacht Garnisonen einrichtete. Die Landwirtschaft erholte sich bei ihren Anstrengungen, die vom Staat verlangte Selbstversorgung des Reiches mit Nahrungsmitteln zu verwirk-

Dornum / Jüdischer Friedhof
Etwa 176000 KZ-Häftlinge fanden im Konzentrationslager Theresienstadt und in einigen Nebenlagern den Tod. 14000 Insassen überlebten im Mai 1945 den Zusammenbruch des Hitler-Staates. Sie wurden befreit, aber viele der Befreiten starben an Krankheit und Erschöpfung. Eva Wolffs aus Dornum war eine von ihnen.

lichen. In der Gunst der NS-Führung sonnte sich die Bauernfamilie, die sich auf ihrer „Scholle" für die Volksgemeinschaft einsetzte. So gut wie gar nicht änderte sich Ostfrieslands Erwerbsstruktur. Die letzte Erhebung vor dem Krieg fand 1933 statt. Sie ermittelte, dass der Arbeitnehmeranteil in der Landwirtschaft weiterhin über 50 % lag, während sich der Reichsdurchschnitt bei 34 % befand. Industrie und Handwerk hatten in Ostfriesland einen Anteil von rd. 16 % gegenüber einem Reichsanteil von 33,5 %; die Industrialisierung machte hier bis zum Kriegsbeginn 1939 keinerlei Fortschritte von Belang.

Ohne Kriegserklärung überfiel Hitler am 1. September 1939 Polen; in fünfeinhalb Jahren entwickelten sich Hitlers Feldzüge zum „Totalen Krieg" – mit Millionen getöteter Soldaten und Zivilpersonen, mit Verwüstungen unvorstellbaren Ausmaßes. Die Menschen in Ostfriesland hatten sich zunächst an der „Heimatfront" zu bewähren: Sie mussten sich wie im ganzen Reich den Versorgungsengpässen einer Kriegswirtschaft anpassen, die laute Kriegsberichterstattung und -propaganda bewertend aufnehmen, den Tod der Ehemänner, Väter und Söhne bewältigen.

Zum Zielgebiet der englischen Bomberverbände wurde Emden gleich zu Beginn des Krieges. Bis zum Kriegsende fanden bei 80 Luftangriffen 330 Bürger der Stadt den Tod, wurden 78 % der Bausubstanz vernichtet, darunter die Altstadt und das weithin berühmte Renaissance-Rathaus. Von 1940 an baute die Stadt zum Schutze der Bevölkerung nach und nach 31 Hochbunker. Der kriegswichtige Hafen wurde nur gering in Mitleidenschaft gezogen. Emden war die am stärksten zerstörte Stadt Niedersachsens. Auch andere ostfriesische Städte und Dörfer sowie militärische Anlagen auf den ostfriesischen Inseln wurden von den Bombenflugzeugen heimgesucht. In Esens starben bei einem Angriff 153 Menschen, darunter 80 Schulkinder.

1942 begann das Hitler-Regime mit der „Endlösung der Judenfrage", mit der Tötung all der Juden, derer man habhaft werden konnte. 1923 wohnten ungefähr 2300 Juden in Ostfriesland, von denen 1939 noch etwa 700 ansässig waren; in Todeslagern werden sie umgekommen sein. In den besetzten Gebieten verpflichtete das Regime „Fremdarbeiter" und Kriegsgefangene für die kriegswirtschaftliche Produktion, aus 20 Ländern waren Männer und Frauen verpflichtet worden. In den 49 Lagern im Emder Stadtgebiet arbeiteten im April 1944 etwa 8000 Ausländer bei der Trümmerbeseitigung, beim Hochbunkerbau und im Hafen. Auf vielen Friedhöfen Ostfrieslands dokumentieren die Gräber von Angehörigen vieler Nationen, dass die Fremdarbeiter die Torturen des Arbeitseinsatzes nicht überlebten. Eine Gedenkstätte für die Opfer des Faschismus befindet sich auf dem Friedhof in Engerhafe. Mehrere hundert Häftlinge fanden im Herbst 1944 in dem neben der Kirche liegenden Außenlager des KZ Neuengamme und an ihren Arbeitsplätzen den Tod. Sie waren beim Bau des „Friesenwalls" eingesetzt, einem Verteidigungsbauwerk, das das Küstengebiet schützen sollte.

Das Kriegsende! Von den Niederlanden her nähern sich englische, kanadische und exilpolnische Truppenverbände Nordwestdeutschland. Panzersperren werden errichtet, Brücken und Siele erhalten Sprengkammern. In der ersten Aprilwoche 1945 besetzen alliierte Truppen Vechta und Cloppenburg, rücken weiter nach Norden vor. Emder Flakbatterien greifen im Erdkampf ein und belegen Orte im Rheiderland mit Sperrfeuer. Am 23. April geht Weener unter Kämpfen verloren. Leer liegt tagelang unter Geschützfeuer – und fällt am 29. April. Die vom Stadtkommandanten erzwungene Verteidigung der Stadt kostet rund 400 Bürger das Leben. Am 3. Mai stehen feindliche Verbände neun Kilometer vor Aurich. Beherzten Bürgern gelingt es, die Verbindung zu kanadischen Offizieren herzustellen und die Verteidigung abzuwenden. Eine Menschenmenge in Norden erzwingt, dass ihre Stadt als „offen" erklärt wird. Am 6. Mai besetzen kanadische Truppen kampflos das zur „Festung" erklärte Emden. Einen Tag vorher hatte der britische Feldmarschall Montgomery die Waffenruhe in Norddeutschland erklärt. Am 7. Mai kapituliert die deutsche Wehrmacht.

„Am 2. Mai, vier Tage vor der Besetzung Nordens, findet in der [...] Küstenstadt die offensichtlich letzte ostfriesische Veranstaltung der NSDAP statt. Am Abend dieses Tages versammeln sich die Ortsgruppen- und Kreisamtsleiter in einer Gedenkstunde für Hitler. Der Zeitungsbericht über das Treffen mit Kreisleiter Lenhard Everwien schließt mit den Worten: ‚Noch einmal erklang das Sieg-Heil als Gruß an den toten und unvergeßlichen Führer, worauf der Gesang des Deutschland- und Horst-Wessel-Liedes die Gedenkstunde beendete.'"

(Johann Haddinga)

„Die Zerstörung Emdens und die Vertreibung der Juden: das ist die düstere Bilanz des durch den Nationalsozialismus geprägten Endes der zweiten preußischen Zeit in Ostfriesland."

(Walter Deeters)

14 Das Rheiderland – niederländisch?

*Besatzungszonen; Gründung des Landes „Niedersachsen";
eine „britische" Gemeindeverfassung – Versorgungsnöte,
Flüchtlingsströme – Spruchkammerverfahren – Die „Währungsreform" – Gründung der Bundesrepublik – Alt-Parteien und Parteineugründungen; Landtagswahlen – Niederländische Gebietsansprüche – Eine neue Siedlung: Leybuchtpolder – Die Ostfriesische Landschaft mit neuer Verfassung – Gebiets- und Verwaltungsreform in Niedersachsen*

„Das niedersächsische Landesbewußtsein seit 1946 ist sachlich vorwiegend an Verwaltung, Wirtschaft und Landespolitik orientiert. Es erhielt im ‚Roten Welfen' Hinrich Wilhelm Kopf, dem Landesgründer und langjährigen Landesvater, einen markanten Repräsentanten, für den Heimat und Staatsbewußtsein eine untrennbare Einheit bildeten."

(Dieter Lent)

Deutschlands Niederlage stürzte die Bevölkerung in eine tiefe Perspektivlosigkeit. Die vier Siegermächte übernahmen die Regierungsgewalt in Deutschland, das sie in vier Besatzungszonen einteilten. Nachdem auf unterster Ebene deutsche Verwaltungen die Arbeit aufgenommen hatten, ließen die Westalliierten in ihren Zonen die Gründung der Länder zu. In der britischen Zone entstand am 1. November 1946 das Land Niedersachsen aus den Ländern Braunschweig, Oldenburg, Schaumburg-Lippe und der ehemaligen preußischen Provinz Hannover. Die Landesregierung und den Landtag setzten die Engländer ein. Bei der ersten Landtagswahl 1947 gewann die SPD, mit Hinrich Kopf stellte sie den Ministerpräsidenten. Die ehemaligen Grenzen der niedersächsischen Regierungsbezirke, Landkreise, Städte und Gemeinden blieben unangetastet. Um die kommunale Selbstverwaltung zu stärken, führte die Militärregierung 1946 eine zweigleisige Gemeindeordnung nach britischem Vorbild ein. Der von den Bürgern gewählte Gemeinderat (Stadtrat) sollte die Beschlüsse fassen und den Bürgermeister als Repräsentant der Gemeinde wählen. Ein vom Gemeinderat gewählter Gemeindedirektor hatte die Beschlüsse auszuführen. Die Landkreise erhielten ebenfalls einen zweigleisigen Aufbau mit Kreistag, Landrat und Oberkreisdirektor.

Die Besatzungsmacht und die deutsche Verwaltung mussten sich einer Fülle von Herausforderungen stellen; deren wichtigste waren die Versorgung der Bevölkerung mit Nahrungsmitteln und Heizmaterial, mit Kleidung und Wohnungen. Die Behörden zwangen die Kommunen, Flüchtlinge unterzubringen. In Ostfriesland, das 1939 296000 Einwohner hatte, musste 92000 Flüchtlingen eine Wohnung bereitgestellt werden. Aurichs Bevölkerung stieg von 6000 auf 10000 Einwohner. Zu den Flüchtlingen kamen Tausende internierter deutscher Soldaten, die nördlich des Ems-Jade-Kanals auf ihre Entlassung warteten. „Spruchkammern" verhängten in Entnazifizierungsverfahren gegen ehemalige Nationalsozialisten Freiheitsstrafen, Berufsverbote, Geldbußen und andere Sühneleistungen. In Ostfriesland verloren in diesen Verhandlungen 590 Bürger ihren Arbeitsplatz.

Im August 1946 schreckte eine Nachricht die ostfriesische Bevölkerung auf. Die benachbarten Niederlande erhoben Gebietsansprüche auf westliche Teile Ostfrieslands. Sie forderten als Ersatz für Zerstörungen im Krieg das Rheiderland, den Dollart einschließlich der Emsmündung und Borkum. Einhellig wiesen nicht nur Ostfriesen auf Versammlungen und in Proklamationen die Ansprüche zurück, bis die Befürchtungen schließlich nach der Gründung der Bundesrepublik und deren Einbindung in das westliche Europa gegenstandslos wurden. Landgewinnungsarbeiten begannen 1947 an der Leybucht. Ein fünf Kilometer langer, auf Greetsiel zulaufender Deich, der „Störtebekerdeich", sollte dem Meer eine 1000 Hektar große Polderfläche abgewinnen. Vier Jahre später fanden hier 53 Vollbauern, 21 Kleinbauern, Landarbeiter und Handwerker in ihrer Siedlung „Leybuchtpolder" eine neue Existenz.

Die „Währungsreform" brachte 1948 die Umstellung von Reichsmark auf Deutsche Mark; sie führte zur wirtschaftlichen Spaltung Deutschlands. Die politische Teilung vollzog sich 1949 mit der Gründung der Bundesrepublik. Schon 1945 hatten sich Parteien neu formiert. Neben den Altparteien SPD und KPD entstanden neu die konservative CDU und die liberale FDP. In Niedersachsen konstituierten sich die „Niedersächsische Landespartei" (NLP), aus der später die national-konservative „Deutsche Partei" (DP) hervorging, und der „Bund der Heimatvertriebenen und Entrechteten" (BHE). Zehn Parteien stellten sich 1949 der ersten Bundestagswahl.

Im gleichen Jahr genehmigte die Landesregierung eine neue Verfassung für die Ostfriesische Landschaft. Sie sah eine Landschaftsversammlung als Repräsentanz der ostfriesischen Bevölkerung vor, die vom Rat der Stadt Emden und den ostfriesischen Landkreisen für eine vierjährige Periode zu wählen war. Die Landschaftsversammlung wählte für sechs Jahre den Landschaftspräsidenten; sieben Landschaftsräte bildeten ein geschäftsführendes Kollegium. Der Ostfriesischen Landschaft oblag nach ihrer Verfassung eine heimatgebundene Kulturpflege. Die Landschaftsversammlung

„Ziele der Besatzungspolitik waren neben der Sicherung des Überlebens der Bevölkerung die Ausmerzung nationalsozialistischen und militaristischen Gedankenguts und die Umerziehung der Deutschen zu überzeugten Demokraten. Im großen und ganzen gelang die *reeducation* rascher, als man hätte erwarten können [...]."

(Dieter Brosius)

„[...] es gab aber auch Stimmen der Erleichterung, der Zuversicht, des Lebensmutes, des Bewußtseins der Chance eines demokratischen Neubeginns."

(Klaus Piller)

„Freilich: die Aufgaben der Landschaft betreffen nur noch die Förderung der Kultur, Wissenschaft und Bildung in Ostfriesland, aber die Tradition, Sorge für das allgemeine Wohl des Landes zu tragen, ist in ihr nach wie vor lebendig."

(Hajo van Lengen)

wählte den hochgeachteten und beliebten Jann Berghaus, den ehemaligen Regierungspräsidenten Ostfrieslands, zum Landschaftspräsidenten.

In Ostfriesland konnten bei den Landtagswahlen – die erste fand 1947 statt – die Sozialdemokraten in den fünf beziehungsweise sechs Wahlkreisen immer den größten Stimmenanteil für sich gewinnen, in einigen Wahlen sogar die absolute Mehrheit. Die Christdemokraten blieben ständig die Partei mit den zweitbesten Ergebnissen. Einige Male gelang es ihnen, Wahlkreise zu gewinnen, so die Wahlkreise Leer, Leer-Borkum und Wittmund. Bis 1982 konnte sich die FDP als drittstärkste Partei etablieren, dann wurde sie überflügelt von den Grünen, die 1974 zum ersten Mal an der Wahl teilnahmen. Viele der Nachkriegsparteien verschwanden nach einigen Wahlen. Bei der Landtagswahl 1998 waren alle direkt gewählten Abgeordneten SPD-Mitglieder. Bei den Zweitstimmen errang die SPD in den sechs Wahlkreisen die absolute Mehrheit. Die CDU-Ergebnisse lagen zwischen 36,4 % (Wittmund) und 21,9 % (Emden), die Grünen erreichten einen Gesamtdurchschnitt von 6,6 %, die FDP einen von 3,7 %.

1965 begann eine Sachverständigenkommission in Hannover, eine Gebiets- und Verwaltungsreform auszuarbeiten. Ihr Ziel war es, durch Zusammenlegung von Gemeinden, Landkreisen und Regierungsbezirken leistungsfähige Verwaltungseinheiten zu bilden; Zuständigkeiten sollten von oben nach unten übertragen werden um so eine größere Bürgernähe herzustellen und Verwaltungskosten zu senken. 1974 entstanden in Niedersachsen nach Abschluss der Gemeindereform aus 4062 Gemeinden 415 neue kommunale Einheiten, nämlich Städte, Samtgemeinden und Gemeinden. Die Zahl der ostfriesischen Gemeinden und Städte reduzierte die Gemeindereform von 208 auf 34 Kommunen. 1977 verabschiedete der Landtag die Kreisreform, die die Zahl der Landkreise in Niedersachsen von 60 auf 37 verminderte. Ein heftiger Widerstand formierte sich gegen die Aufnahme des Landkreises Norden in den Landkreis Aurich, der letztlich doch aufgegeben werden musste. Zwei Jahre nach der bereits vollzogenen Vereinigung des Landkreises Wittmund mit dem Landkreis Jever löste der Staatsgerichtshof Bückeburg die Verbindung wegen Unverträglichkeit.

Neben der Kreisreform trat 1977 die Bezirksreform in Kraft: Von den acht niedersächsischen Regierungsbezirken wurden vier aufgelöst, unter ihnen auch der Regierungsbezirk Au-

Großefehn / Schleuse
Der „Großefehnkanal", mit dem in die Ems mündenden „Fehntjer-Tief" verbunden, wurde der Hauptkanal für ein schiffbares Kanalnetz. Dieser 14 km lange Hauptkanal wurde mit vier Schleusen ausgerüstet, um den Höhenunterschied von 6,60 Meter für die Schiffe überwindbar zu machen.

rich, der mit dem Regierungsbezirk Osnabrück in den Regierungsbezirk Weser-Ems eingegliedert wurde. Damit verlor Ostfriesland seine Verwaltungsselbstständigkeit. Unmut äußerte sich auf Protestversammlungen in den Städten und Gemeinden über die neuen Verwaltungsgrenzen, bei deren Festlegung auf historisch Gewachsenes oft keine Rücksicht genommen wurde. Die ältere Generation wird ein Antasten des ostfriesischen Zusammengehörigkeitsgefühls empfunden haben.

Großefehn / Ortsbild
Großefehn ist die älteste Fehnsiedlung Ostfrieslands. 1633 pachteten vier Emder Kaufleute eine 400 Hektar große Moorfläche, um dort Torf abzubauen. Schiffe beförderten billiges Brennmaterial auf gegrabenen Fehnkanälen nach Emden. 1972 wurde aus 14 bisher selbstständigen Gemeinden die Gemeinde Großefehn. Freizeit- und Erholungsgebiete konnten sich entwikkeln. Anziehend ist die Fehnlandschaft mit ihren Kanälen, Klappbrücken und Schleusen; mehrere Windmühlen wurden restauriert.

15 „Käfer" aus Emden

Bevölkerungsbewegungen – Ostfrieslands Erwerbstätige, seine geringe Industriedichte und eine hohe Arbeitslosigkeit – Landwirtschaft im Wandel – Emden, Ostfrieslands Industriestadt – Leer, Norden und Aurich als Wirtschaftsstandorte – Handwerk und Handel, Fremdenverkehr und Dienstleistungen

Engerhafe / Kirche
Die Kirche in Engerhafe ist zwischen 1260 und 1290 gebaut worden. Sie gehörte mit Marienhafe, Osteel und Victorbur zu den „Befriedeten Kirchen" des Brookmerlandes. Die Kirche ist von imponierender Größe, obgleich sie bei einem Umbau 1806 zwölf Meter kürzer wurde. Wertvoll sind die Kanzel (1636), das Bronzetaufbecken (1646) und der Barockaltar (1698).

„Als Niedersachsen im Jahre 1946 entstand, war die wirtschaftliche Ausgangssituation für das neue Land miserabel. Erstens handelte es sich ja um eine Neugründung aus verschiedenen Landesteilen mit z. T. sehr unterschiedlichen Traditionen. Das führte und führt noch bis heute zu vielen Rivalitäten und Problemen beim Zusammenwachsen, auch in wirtschaftlicher Hinsicht."

(Hermann von Laer)

1950 hatte Ostfriesland 385000 Einwohner. Unter ihnen waren 68000 Heimatvertriebene, von denen in den 50er-Jahren viele Ostfriesland wieder verließen, so dass die Einwohnerzahl bis 1958 auf 358000 sank und damit ihren niedrigsten Nachkriegsstand erreichte. Durch Zuzug und einen zeitweise überdurchschnittlichen Geburtenüberschuss stieg Ostfrieslands Bevölkerung bis 1999 wieder auf rund 455000 Einwohner.

Schwierig gestaltete sich bis in die Gegenwart die Aufgabe für Wirtschaft und Politik, den vielen Menschen im arbeitsfähigen Alter ein Auskommen zu verschaffen. Etwa 43 % der Erwerbstätigen waren 1950 in Ostfrieslands dominierendem Wirtschaftszweig, der Landwirtschaft, beschäftigt. Rund 8500 Erwerbstätige arbeiteten in der Industrie. Damit hatte Ostfriesland eine Industriedichte von nur 24 Industriebeschäftigten auf 1000 Einwohner, während die Industriedichte der Bundesrepublik bei 96 lag. 1969 erreichte diese Kennziffer in Ostfriesland ihren Höchststand, als 72 Industriebeschäftigte auf 1000 Einwohner kamen. Bis 1999 ging Ostfrieslands Industriedichte schließlich wieder auf die Kennziffer 52 zurück (Niedersachsen: 71, Bundesgebiet: 77). Der Mangel an Industriearbeitsplätzen begleitet die ostfriesische Wirtschaft bis heute als Strukturproblem. Verstärkend trat neben anderen Faktoren die räumliche Abseitslage Ostfrieslands hinzu, die jedoch in den letzten beiden Jahrzehnten entschärft wurde durch die Elektrifizierung der Bundesbahn von Münster nach Norddeich und von Oldenburg nach Leer. Der Ausbau der Bundesstraßen kam voran, Emden war über die Autobahn erreichbar geworden. Eine in der Öffentlichkeit allseits wahrgenommene Kennziffer, die Arbeitslosenquote, dokumentiert ebenfalls die Strukturschwäche Ostfrieslands. In den beiden ostfriesischen Arbeitsamtsbezirken Emden und Leer erstieg die Arbeitslosigkeit 1985 ihren Nachkriegshöchststand mit 22 %. Im stetigen Absinken erreichte die Arbeitslosigkeit 1999 die Quote 13,4 % (Niedersachsen 11,8 %, Bundesrepublik 11,7 %). 1991 entstand aus der „Ostfriesland-Konferenz" die Stukurkonferenz „Ost-Friesland", die für das Gebiet zwischen Ems und Jade Entwicklungskonzepte für die Wirtschaft entwickeln sollte.

Die Landwirtschaft. Um 1950 waren etwa 35 % der landwirtschaftlichen Nutzfläche Ostfrieslands Ackerland – die Grünlandflächen mit Wiesen und Weiden hatten einen Anteil von rund 62 %. 1996 hingegen nutzten die Landwirte 26 % als Ackerland, 72 % als Grünland. Die in Deichnähe überaus fruchtbare junge Ackermarsch wurde in den vorherrschenden großen Höfen mit Gerste, Erbsen, Raps und Flachs bebaut; seit den Achtzigerjahren traten Mais und Zuckerrüben hinzu. Die Geest-Landwirte, Besitzer meist kleinerer Landstellen, verbesserten in beachtlichem Ausmaß die Bodengüte durch Kunstdünger. Hier wie auf den abgetorften Moorflächen werden Roggen, Hafer, Kartoffeln, Futterrüben und Mais angebaut. Auf den Grünlandflächen der Marsch und Geest weidet seit über hundert Jahren die weit über Deutschlands Grenzen hinaus berühmte „schwarzbunte" ostfriesische Milchkuh mit ihrer hervorragenden Milchleistung. Die Erträge aus der Milchverwertung und den zur Rindfleischerzeugung gehaltenen Rinderherden übersteigen die der Ackerwirtschaft beträchtlich.

Am allgemeinen Aufschwung der Fünfziger- und frühen Sechzigerjahre hatte die ostfriesische Landwirtschaft ihren Anteil. Die Agrarproduktion nahm eindrucksvoll zu. Ein vermehrter Maschineneinsatz, Aus- und Umbauten von Wirtschaftsgebäuden brachten ebenso Ertragssteigerungen wie die Strukturverbesserung durch den Wirtschaftswegebau, die verbesserte Entwässerung durch neue, leistungsfähige Schöpfwerke und durch Flurbereinigungen. Schließlich unterstützten vielerlei Subventionen das bäuerliche Wirtschaften. 1954 hatte man begonnen, die tief liegenden Grünländereien der Altmarsch bei Riepe zu überschlicken. Der aus dem Emsfahrwasser durch Rohrleitungen herangeführte Schlick setzte sich und erhöhte das Land um einen Meter. Wertvolles Acker- und Grünland entstand, das in einer Flurbereinigung für Betriebsgrößen von 20 bis 24 Hektar neu eingeteilt wurde.

Es zeigte sich, dass bei gesteigerter Produktion landwirtschaftlicher Erzeugnisse die Aufnahmefähigkeit der Absatzmärkte nicht mehr erweitert werden konnte. Deutsche und europäische Agrarpolitik erzwang Einschränkungen der

„‚Strukturelle' Arbeitslosigkeit bedeutet, daß sie nicht auf saisonale oder konjunkturelle Schwankungen zurückzuführen ist, sondern auf einen grundsätzlichen Mangel der Region an Beschäftigungsmöglichkeiten, mit anderen Worten, auf ein Ungleichgewicht zwischen den Produktionsfaktoren Arbeit und Kapital."

(Eckart Krömer)

„Dennoch hat die Fortentwicklung der Landwirtschaft Konsequenzen, die deutlich über die wirtschaftlichen Veränderungen hinausführen. Dabei sind die Diskussionen um unerwünschte ökologische Folgen von Veränderungen bei Tierhaltung und Pflanzenbau einem breiten Publikum noch am ehesten gegenwärtig."

(Wolfgang Hase)

Subventionen. Die Bauern, auch die Ostfrieslands, äußerten auf Protestversammlungen ihren Zorn. Zugleich versuchten sie, ihre Betriebe noch stärker zu rationalisieren und auf andere Produkte auszuweichen. Die Zahl der Hofstellen nahm ab, kleinere Einheiten wurden nur noch als Nebenerwerbsstellen betrieben. Große Höfe expandierten nach der Devise „Wachse oder weiche". Zu Tausenden verloren Landarbeiter ihren Arbeitsplatz. Von 1950 bis 1985 sank die Zahl der Erwerbstätigen in der ostfriesischen Landwirtschaft von 70000 auf 12000, während sich die Zahl der landwirtschaftlichen Betriebe in diesem Zeitraum von über 25000 auf etwa 12000 verringerte, bis sie 1998 auf rund 7100 weiter gesunken war.

Beachtliche Fortschritte machte der Ausbau der Industrie in Ostfriesland von 1950 bis zum Anfang der Siebzigerjahre. In diesem Zeitraum wuchs die Zahl der Industriebeschäftigten von rund 9000 auf etwa 29000. Dann folgten Jahre der Stagnation und eines leichten Rückgangs. Der Arbeitsstellenzuwachs entwickelte sich in vorhandenen wie auch in zahlreichen neuen Industriebetrieben. Gleichzeitig mussten jedoch viele bestehende industrielle Fertigungsstätten ihre Produktion einstellen. Von der Schließung betroffen waren Unternehmungen der Nahrungsmittelindustrie wie Molkereien, Brauereien und auch einer Honigkuchenfabrik; die Emder Heringsfischerei verließ 1969 nach verlustreichen Jahren den Emder Standort und wurde in Bremerhaven ansässig. Weiterhin beendeten viele Ziegeleien und Torfabbaubetriebe ihre Tätigkeit. Die Wilhelmshavener Olympia-Büromaschinenfabrik schloss ihre Zweigwerke in Norden und Leer und entließ über 2000 Beschäftigte. In den späten Neunzigerjahren zählte man 26000 bis 28000 „Beschäftigte im produzierenden Gewerbe", zu denen seit 1978 die Arbeitnehmer der Industriebetriebe und die des produzierenden Handwerks gezählt wurden. Die Hälfte dieser Beschäftigten fand in Emden ihren Arbeitsplatz.

Mit seinem Hafen und seiner Großwerft blieb Emden der wichtigste Industriestandort. Das Land Niedersachsen förderte als Eigentümer des Hafens dessen Umschlagskapazität mit vergrößerten Hafenbecken und Lagerflächen, mit neu entwickelter Lösch- und Ladetechnik. Der drittgrößte Hafen der Bundesrepublik betrieb weiterhin den Massengutverkehr mit Erzen, Kohle und Koks zum und vom östlichen Ruhrrevier. Das Löschen von Getreide und Holz gehörte ebenfalls zum Hafenbild. Nach Errichtung der Frisia-Raffinerie 1960 begann der Umschlag erheblicher Mengen Rohöl

„Um ein wesentliches zusätzliches Arbeitsplatzangebot zu erreichen, sind industrielle Neuansiedlungen in bedeutender Größenordnung erforderlich. Denn selbst ein starkes Wachstum der vorhandenen Industrie wird kaum in der Lage sein, die Anzahl der Arbeitsplätze soweit zu vemehren, daß die heutige strukturelle Arbeitslosigkeit kurzfristig beseitigt werden könnte."

(Eckart Krömer)

Neuharlingersiel / Kurhaus
Zu einem bekannten Küstenbadeort wurde Neuharlingersiel mit seinem großen Badestrand und dem Seewasser-Hallenbad. In der Nähe des malerischen Hafens steht das 1755 im Barockstil gebaute Schloss „Sielhof".

und Raffinerieprodukte. 1991 wurde die Raffinerie stillgelegt. Einen bedeutenden Anteil am Umschlagsvolumen des Hafens verschaffte sich die Seehandelsflotte der Emder Reedereien. Von 1974 an begann indes bei leicht steigendem Stückgutumschlag ein stetiger Niedergang des Massengutumschlags. Die Stahlkrise, eine Drosselung der Kohleförderung und die immer größer werdenden Schiffe, die wegen ihres Tiefgangs nicht mehr im Emder Hafen abgefertigt werden konnten, erzwangen eine Neuorientierung. Es entstand 1971 der Plan zum Bau des „Dollarthafens", eines 9 km langen Binnenhafens, für den das Emsbett umgeleitet werden sollte. Nach langem Zögern fiel dann 1994 in Hannover und Bonn die Entscheidung, den Bau des Hafens nicht zu verwirklichen. Desgleichen verwarf man den Bau eines als Ersatz gedachten kleineren Vorhafens an der Knock. Hatte der Gesamtumschlag des Emder Hafens 1974 den Nachkriegshöchstwert mit 20,3 Millionen Tonnen erreicht, so bezifferte er sich 1999 auf 5,1 Millionen Tonnen, von denen Holz, Papier und Zellulose das umfangreichste Umschlagsgut waren. 1995 begann ein Container-Liniendienst Emden – Südafrika.

Der größte Arbeitgeber Ostfrieslands waren bis zum Bau des Volkswagenwerks in Emden die 1903 gegründeten „Nordseewerke", die 1974 vom Stahlkonzern Thyssen übernommen wurden. Die bis zu 5000 Beschäftigten der Emder Werft bauten in den Fünfzigerjahren bei guter Schiffbaukonjunktur Handelsschiffe bis 38000 t Ladefähigkeit. Bei den kleineren Emder Werften Cassens und Schulte & Bruns entstanden Schiffe mit deutlich geringerer Tonnage. Bei starker internationaler Konkurrenz sank in den folgenden Jahrzehnten das Bauvolumen. In den Neunzigerjahren bauten etwa 1500 Beschäftigte Schiffe bis zu 124000 t Ladefähigkeit, darunter Spezialschiffe und Schiffe für die Bundesmarine. Zu der in Emden ansässigen Industrie- und Handelskammer gehört neben Ostfriesland die Stadt Papenburg, in der die weithin bekannte Meyer-Werft ihren Sitz hat. Über 2000 Beschäftigte bauen seit etlichen Jahren neben verschiedenen Schiffstypen riesige Luxusliner für den Weltmarkt. Fast die Hälfte der Beschäftigten kommt aus dem südlichen Ostfriesland, dessen Arbeitsmarkt sie entlasten. Mit großen Erwartungen auf einen Industrialisierungsschub nahm Ostfriesland 1964 die Errichtung des Volkswagenwerks in Emden auf. Bis zu 12000 Beschäftigte aus dem ganzen ostfriesischen Raum und den benachbarten nichtostfriesischen Landkreisen montierten bei hohen Löhnen bald täglich 1200 „Käfer", denen später die Modelle „Golf" und „Passat" folgten. Um 1999 arbei-

Norden / Mennonitenkirche
Auf dem großen, mit vielen Bäumen bestandenen Marktplatz steht die prachtvolle ehemalige Mennonitenkirche. Dieses Patrizierhaus ist in drei Bauabschnitten entstanden: 1662 wurde der große Mitteltrakt in niederländischem Barock errichtet, 1716 der linke, 1835 der rechte Seitenflügel angefügt. Pilaster und Blumengehänge schmücken die Vorderfront. Das Gebäude wird heute als Rathaus genutzt.

teten rund 10000 Beschäftigte in den Werkshallen. Eine eindrucksvolle Autotransporterflotte verschifft vom Autoterminal im Außenhafen, dem größten in Europa, die Personenwagen hauptsächlich in die USA; im Gegenzug werden für Deutschland und den Staaten Europas bestimmte Fahrzeuge hier gelöscht.

Im städtischen Hafen Leer, einem tidefreien Dockhafen, stand der Binnenschiffsverkehr immer im Vordergrund, wenngleich sein Seeumschlag nicht unbedeutend war. Verladen werden Holz, Baustoffe, Stahl, Düngemittel und pflanzliche Rohstoffe. Der Gesamtumschlag lag 1998 bei 1255 t. Schon 1920 hatte sich die Stadtverwaltung mit Erfolg bemüht, das Nessegelände für Industrieansiedlungen zu erschließen. Die Deutsche Libby-Gesellschaft hatte hier 1926 ihre Produktion aufgenommen. 1957 entstand ein Zweigwerk der Wilhelmshavener Büromaschinenwerke mit 1300 Beschäftigten; es musste 1983 schließen. Auch die viele Arbeitsplätze anbietende Jansen-Werft zwang ein Konkurs zur Aufgabe. Ihre Werktore schlossen auch die erwähnte Libby-Gesellschaft, die Eisengießerei Boekhoff, die Maschinenfabrik Cramer und die pflanzliche Rohstoffe verarbeitende Firma Connemann. 1999 waren die Kunststoff verarbeitende KAUTEX TEXTRON GmbH und der Verlag der „Ostfriesen Zeitung" die größten Arbeitgeber. Leer verlor von 1962 bis 1988 45 % seiner Industriearbeitsplätze. Der Arbeitsamtsbezirk Leer meldete in dieser Zeit des Öfteren den höchsten Arbeitslosenstand in der Bundesrepublik.

Die Landstadt Norden bot in den ersten Nachkriegsjahrzehnten vielen Beschäftigten Arbeitsplätze in der Industrie an. Die 1848 gegründete Norder Eisenhütte GmbH erzeugte Öfen, Gussteile für den Hausbau und Maschinenteile. Wie erwähnt, stellte ein Zweigwerk der Olympia-Büromaschinenwerke Wilhelmshaven Schreibmaschinen her. Diese Industriebetriebe beendeten seit den Sechzigerjahren ihre Produktion. Später wurde auch die traditionsreiche Spirituosenfabrik Doornkaat von einem Unternehmen im Emsland übernommen, das auch die Herstellung der in ganz Deutschland bekannten Markenspirituose „Doornkaat" übernahm. Die Döpke GmbH stellt Schaltgeräte her, die Zeitungsdruckerei „Soltau Kurier Norden" ist ein bekanntes Druck- und Verlagshaus.

Auch nach dem Verlust der Bezirksregierung blieb Aurich eine Behördenstadt. Sie beherbergt eine Kreisverwaltung,

Leer / Hafen
Der tidefreie Hafen betreibt neben dem Güterumschlag den Personenschiffsverkehr für Touristen auf Ems, Leda und den Küstengewässern.

„Die deutsche Wiedervereinigung ebenso wie die Durchlässigkeit der europäischen Grenzen haben das traditionelle Kräfte- und Entwicklungsgefüge ins Wanken gebracht. Die Chancen der Regionen steigen in dem Maße, wie es gelingt, daß sich Nachbarn und frühere Wettbewerber in einem Boot wiederfinden."

(Reinhold Kolck)

Wittmund / Kreishaus
Das Gebäude der Landkreisverwaltung wurde 1901 gebaut.

Bundes- und Landesbehörden, darunter eine Außenstelle der Bezirksregierung Weser-Ems. Aurich ist eine einladende Land- und Einkaufsstadt mit einem eindrucksvollen Marktplatz. Eine industrielle Struktur hat sich nur zurückhaltend entwickelt. Ein Unternehmen jedoch hat es verstanden, sich weltweit durchzusetzen. Die ENERCON GmbH ist mit rund 1400 Beschäftigten in Deutschland der Marktführer im Bau von Windkraftanlagen. Rund 33 % der erzeugten Strommenge wurden 1999 in Ostfriesland und Papenburg aus Windkraft erzeugt. Die Rolf Janssen GmbH stellt Schaltanlagen her; Elektromotoren und Transformatoren produziert die Westermann KG. Die in Großefehn arbeitende Nocado GmbH & Co. KG liefert Armaturen, ein größeres Kunststoff verarbeitendes Unternehmen, die REHAU AG & Co., produziert in Wittmund. Einige große Bauunternehmungen bieten Beschäftigungsmöglichkeiten im Hoch- und Tiefbau.

Das ostfriesische Handwerk bot bis zum Ende der Sechzigerjahre mehr Arbeitsstellen als die einheimischen Industriebetriebe. Dominierend war das Baugewerbe, das auch anderen Handwerkszweigen Aufträge verschaffen konnte. 1972 zählte das Handwerk rund 25000 Beschäftigte, die in mehr als 38000 Betrieben arbeiteten. Geringfügig nahm um 1975 die Zahl der Betriebe ab. Die Dörfer verloren mehr und mehr die früher zum Dorfbild gehörenden Werkstätten; sie wurden stillgelegt oder in die neu entstehenden Gewerbegebiete verlegt. Mit größeren Werkhallen und moderner Technik stellte man sich der Konkurrenz. 1999 erreichte die Zahl der ostfriesischen Handwerksbetriebe fast wieder die 4000-Marke. Auch ein funktionierender Einzel- und Großhandel muss für die Versorgung der Bevölkerung präsent sein, zugleich ist er ein wichtiger Anbieter von Arbeitsplätzen. 1985 zählte man im ostfriesischen Einzelhandel 2842 Betriebsstätten mit 13058 Beschäftigten, 1993 arbeiteten in 3002 Betrieben 17154 Beschäftigte. Am Ende der Neunzigerjahre musste sich der Einzelhandel in Aurich, Norden und Emden einem Niedrigpreis-Kampf mit Großmärkten in diesen Städten stellen; diese gehören dem amerikanischen Wal-Mart Konzern, dem weltgrößten Handelsimperium. Als Großprojekte des Einzelhandels wurden der „Ems-Park" in Leer und das wegen seiner Abseitslage umstrittene „Dollart-Center" in Emden-Larrelt verwirklicht.

Während der letzten Jahrzehnte nahm der Fremdenverkehr in Ostfriesland einen besonders erfreulichen Verlauf, er gewann schließlich die Spitzenposition unter den Urlaubsre-

„In einem zusammenwachsenden Europa muß die Bezirkswirschaft ihre Position durch Stärkung und Ausweitung der industriellen Tätigkeiten ausbauen. Erst eine leistungsfähige Industrie ermöglicht darauf aufbauende produktionsnahe Dienstleistungen".

(Regionaldenkschrift 1994 der Industrie- und Handelskammer für Ostfriesland und Papenburg)

Aurich / „Sous-Turm"
Eigenwillig zeigt sich das auf dem großen Marktplatz stehende Stahlskelett mit seinen vielen symbolischen Elementen. Das in der Bevölkerung umstrittene Kunstobjekt schuf der Aachener Bildhauer Sous.

gionen Niedersachsens. Mit einem nennenswerten Beitrag unterstützte er die ostfriesische Wirtschaft. Die Gemeinde- und Kurverwaltungen der sechs ostfriesischen Inseln erweiterten die Bade- und Kureinrichtungen, einheimische und auf dem Festland ansässige Investoren modernisierten Hotels und Gaststätten, errichteten neue Gebäude, Ferienwohnungen in größeren Anlagen oder in Privathäusern wurden immer beliebter. Zu Beginn der sechziger Jahre erkannte man auch in den Sielorten die Chance, an den Einkünften des Fremdenverkehrs teilzuhaben, wenn Bademöglichkeiten am Strand oder in Bädern sowie Einrichtungen zur Gästebetreuung geschaffen würden. Norddeich, der älteste ostfriesische Küstenbadeort, konnte neben Carolinensiel-Harlesiel die meisten Gäste auf sich ziehen. Schließlich ergriffen auch Orte im ostfriesischen Binnenland mit Erfolg die Initiative, Quartiere für Feriengäste anzubieten. 1998 hielten 1750 Beherbergungsbetriebe 56800 Gästebetten bereit. Mit gut drei Millionen Übernachtungen stand Norderney an der Spitze der ostfriesischen Fremdenverkehrsorte.

Weener / Organeum
1996 entstand nach vierjähriger Restaurierung die prächtige neugotische Villa im neuen Glanz; sie war 1872 gebaut worden. Dieses besondere Haus wurde zum Zentrum der Orgelkultur in Ostfriesland. Der Reichtum der ostfriesischen Orgeln führte dazu, ein Institut für die Pflege der Orgelmusik einzurichten. Das „Organeum" ist inzwischen weltbekannt.

16 Ostfriesland und seine Kulturlandschaft

*Sommerakademien und Kunstkreise, Laien und Künstler –
Besucherströme: Die Emder „Kunsthalle" – Theater, Opern,
Konzerte – und ein Internationales Filmfest – Heimatver-
bundene Museen – Beeindruckende romanische Kirchen –
Steinhäuser, Burgen, Schlösser*

Für den Fremdenverkehr ist neben der Nordsee und dem
herben Reiz von Marsch und Geest die „Kulturlandschaft
Ostfriesland" ein werbender Faktor – und eine Bereicherung
für die einheimische Bevölkerung. In den Ausstellungen des
von der Ostfriesischen Landschaft geförderten „Ostfriesischen Kultursommers", den „Kunst-Wochen" und ähn-
lichen Veranstaltungen breiten einheimische Kunstschaf-
fende und Künstler, die außerhalb der Region leben, ein viel-
faches Angebot aus. Malereien, Grafiken, Bildhauerarbeiten,
Erzeugnisse anderer Kunsttechniken und Workshops laden
zum Mitmachen ein.

Überrascht und erfreut war man in Emden über den überaus
regen Besuch der Kunstfreunde in der „Kunsthalle", die der
„Stern"-Herausgeber Henri Nannen seiner Vaterstadt 1986
stiftete. Die qualitätvollen Ausstellungen, die der zeitgenös-
sischen Kunst und der klassischen Moderne gewidmet sind,
erwarben einen beachtlichen Bekanntheitsgrad in der
Bundesrepublik. 1970 baute die Stadt Emden das „Neue
Theater" mit 680 Sitzen. Auswärtige Ensembles bieten
Schauspiele, Opern, Operetten, Musicals und Konzerte an.
Die in Wilhelmshaven ansässige „Landesbühne Niedersachsen Nord" bespielt das Emder Haus wie auch Bühnen der
anderen ostfriesischen Städte. Emden, Aurich und Norderney richten seit 1990 das „Internationale Filmfest" aus, das
sich mehr und mehr profilieren konnte.

Am historischen Ort, unterhalb seiner mächtigen Kirche,
fanden mehrmals die „Störtebeker Freilichtspiele" statt, die
von der Arbeitsgemeinschaft Ostfriesischer Volkstheater 1996
und 1999 ausgerichtet worden waren.

Über dreißig Museen vermitteln Einblicke in die Lebensverhältnisse der ostfriesischen Bevölkerung in vergangenen
Jahrzehnten, Jahrhunderten. So fängt das „Sielhafenmu-
seum" in Carolinensiel die Geschichte der Sielhafenorte an
der Küste der ostfriesischen Halbinsel ein mit Darstellungen

„Die wachsende gesell-
schaftliche Bedeutung von
Kultur hat zu einem veränderten Stellenwert des kul-
turellen Aspektes innerhalb
des Tourismus geführt."

(Regionaldenkschrift 1994
der Industrie- und Handelskammer für Ostfriesland
und Papenburg)

Carolinensiel / Museumshafen
*Einst ein bedeutender
Nordseehafen, wurde
Carolinensiel nach mehreren
Eindeichungen ein Binnen-
hafen, der seine Bedeutung
verlor. Heute ist er ein
Museumshafen. Man baute
den am Ufer stehenden alten
Kornspeicher, das „Hooge
Hus", zu einem Schifffahrts-
museum aus, in dem sich eine
umfangreiche Sammlung
mit dem Schiffbau und der
Seefahrt befasst. Carolinensiel wird von vielen Urlaubs-
gästen aufgesucht.*

„Überblickt man zurückschauend die Entwicklung der Kunst in Ostfriesland auf den verschiedenen Gebieten vom Hochmittelalter bis zum Beginn des 19. Jahrhunderts, so wird man die landläufige Auffassung von der Zurückhaltung der Ostfriesen gegenüber der Kunst doch erheblich berichtigen müssen."

(Wolfgang Schöningh)

Pilsum / Kirche
Die Pilsumer Kreuzkirche, in der zweiten Hälfte des 12. Jahrhunderts gebaut, ist eine der markantesten Kirchen Ostfrieslands. Sie hat einen mächtigen Vierungsturm mit weißen Blendengliederungen und eine zinnenartige Mauerbekrönung. Schöne Kreuzgewölbe überdecken die Vierung, das Querschiff und den Chor.

und Exponaten der Deich-, Siel- und Hafenbauten, der Werftarbeit und der Fischerei. Das „Moormuseum" in Moordorf beeindruckt die Besucher mit nachgebauten Moorkaten aus verschiedenen Zeitabschnitten. Nachdenklich machen Kargheit und Enge der kleinen Lehmhäuser. Die Stadt Norden eröffnete 1989 ein Tee-Museum. Bemerkenswertes wird hier erzählt, gezeigt und in „Teeseminaren" weitergegeben, so über die um 1750 beginnende Einführung des Tees nach Ostfriesland, seinen Anbau in Assam, Ceylon und Sumatra über das sich entwickelnde Teezeremoniell in ostfriesischen Küchen und Wohnstuben.

Wer sich für Kirchenarchitektur interessiert, den lädt Ostfriesland mit seinen einzigartigen mittelalterlichen Kirchen zum Besuch ein. Wie schon erwähnt, zeichnet Ostfriesland eine große Kirchendichte aus. Das 13. Jahrhundert war besonders reich an Kirchenbauten. In dieser Zeit setzte sich der Backsteinbau durch, während die Verwendung von gespaltenen und behauenen, aus der Eiszeit stammenden Granitblöcken und des wenig wetterfesten, porösen Eifel-Tuffsteins zurückging. Neben kleinen Einraumkirchen baute man Gotteshäuser von beeindruckender Stattlichkeit. Die etwa hundert Kirchen aus vorreformatorischer Zeit zeigen sparsam eingesetzte Stilelemente der Romanik und der Gotik. Die nach der Reformation geschaffenen Kirchen mit zurückhaltenden Formen der Renaissance, des Barock, der Klassizistik und Neugotik sind nicht so zahlreich. Viele Kirchen verschwanden, sie mussten, auf wenig tragfähigem Boden gebaut, wegen klaffender Setzrisse verkleinert oder abgerissen werden. Sturmfluten zerstörten Kirchen, nach der Reformation beseitigte der Abriss der 28 ostfriesischen Klöster auch deren Kirchen.

Als eine der schönsten Kirchen Ostfrieslands wird die in der zweiten Hälfte des 13. Jahrhunderts gebaute Pilsumer Kreuzkirche angesehen. Ein mächtiger Vierungsturm erweiterte im 14. Jahrhundert die spätromanische Kirche, die eine architektonische Besonderheit in Ostfriesland darstellt; französische Vorbilder sind erkennbar. Das einschiffige Langhaus führt zur Vierung, über der sich der von Pfeilern getragene Turm erhebt, dessen Blendarkaden weit ins Land leuchten; früher wies der Turm den Seefahrern den Weg. Apsiden erweitern den Chor und das Querschiff, Kreuzrippengewölbe überdecken Vierung, Chor und Querschiff. Von wuchtiger Größe wie die Dome in Münster und Osnabrück war einst die dreischiffige, kreuzförmige Gewölbebasilika in

Marienhafe. Die baufällige, frühgotische Kirche verlor 1829 bei Abbrucharbeiten die Seitenschiffe und das Querschiff, 1833 verkürzte man den sechsgeschossigen Westturm um zwei Stockwerke. Bei der Sanierung der Kirche wurde der außergewöhnliche Reliefschmuck, der die Seiten des Chors und des Querschiffs schmückte, zum Teil zerstört. Mehr als hundert Spott- und Fabelbilder stellten merkwürdige Szenen mit Menschen und Tieren dar, die offensichtlich der Belehrung dienen sollten. Ein Teil der Figuren ist den Besuchern zugänglich.

Die wohl bedeutendste Kirche Ostfrieslands ist die Ludgerikirche in Norden. In drei Bauabschnitten wuchs dieser mittelalterliche Sakralbau zum „Dom von Norden" heran. Der älteste Teil der Kirche ist das Langschiff. Diese um 1250 errichtete romanische Einraumkirche ist in Backstein gebaut. Um 1300 errichtete man den abseits stehenden Glockenturm. Häuptling Ulrich Cirksena – er wurde 1464 zum ersten ostfriesischen Graf ernannt – förderte ab 1445 den Bau eines Querschiffs, dessen Vorgänger eingestürzt war. In der zweiten Hälfte des 15. Jahrhunderts wurde nach dem Vorbild der Martinikirche in Groningen an das Querschiff ein spätgotischer basilikaler Hochchor mit Umgang geschaffen. Eindrucksvoll ist die Höhe des Chors mit 22 Metern. Reichhaltig ausgestattet wurde die Kirche mit wertvollem Inventar aus vielen Jahrhunderten. 1712 fertigte der Hamburger Bildhauer Rudolph Garrelts eine geschnitzte Barockkanzel. Der 1596 für Graf Edzard III. gebaute Fürstenstuhl trennt optisch den Chor von Langhaus und Querschiff. Das wertvollste Teil der Kirchenausstattung ist die Arp-Schnittger-Orgel. Sie ist die berühmteste Orgel Ostfrieslands und zugleich die zweitgrößte Arp-Schnittger-Orgel der Bundesrepublik; der Hamburger Orgelbauer baute sie von 1689 bis 1692.

Norden / Ludgerikirche
Die Ev. Ludgerikirche ist der größte und bedeutendste Sakralbau Ostfrieslands. Die Abbildung zeigt den 1445 gebauten basilikalen Hochchor. Das nur wenig sichtbare Querhaus der dreiteiligen Kirche stammt aus dem Jahr 1318. Das nicht sichtbare Langhaus ist im 13. Jh. entstanden.

Internationale Aufmerksamkeit finden die Orgeln in den ostfriesischen Kirchen, Ostfriesland gehört mit seinen über hundert historischen Orgeln zu den reichsten Orgellandschaften Europas. Die 1457 in Rysum gebaute und noch spielbare spätgotische Orgel ist die älteste Europas. Die früheren Kirchengemeinden sahen sich finanziell außerstande, ihre hinfälligen Orgeln durch neue zu ersetzen – und gewährten ihnen damit ein Weiterbestehen. Um diesen wertvollen Schatz zu sichern, begannen in den letzten Jahrzehnten Orgelbauer, die historischen Orgeln zu restaurieren. Orgelkonzerte finden inzwischen beim ostfriesischen Publikum und seinen Gästen eine vielfältige Resonanz. Die 1972

Emden / Große Kirche
Die im Krieg zum größten Teil zerstörte „Große Kirche" wurde 1992 bis 1995 saniert, umgebaut und erweitert. Mit dem Westteil der mittelalterlichen Kirche verband man ein neues, mehrstöckiges Gebäude; dieses und der ganze Raum der „Großen Kirche" nahm die „Johannes a' Lasco Bibliothek" auf. Sie ist eine Forschungs- und Tagungsstätte des Reformierten Protestantismus; Tagungen, Konzerte und Ausstellungen werden angeboten. Ein in Antwerpen geschaffenes Renaissance-Grabmal wurde für Enno II., den Sohn von Edzard dem Großen, in einem Seitenschiff auf Veranlassung seiner Witwe Gräfin Anna errichtet. Enno hatte sich der Reformation zugewandt.

von der Ostfriesischen Landschaft gegründete „Orgelakademie" mit dem Sitz in Weener (Organeum) lädt Organisten aus dem In- und Ausland zu Orgelkursen und zur organologischen Forschung ein.

Bomben zerstörten 1944 Emdens Evangelisch-Reformierte „Große Kirche", die einstmals die niederländischen Glaubensflüchtlinge aufgenommen hatte. Lange musste man auf einen Wiederaufbau der um 1200 begonnenen dreischiffigen Hallenkirche warten, bis schließlich der Plan einer neuen Nutzung entwickelt worden war. Dieser sah vor, die sanierten Kirchenruinen baulich mit einem architektonisch modernen Bibliotheksgebäude zu verbinden. So entstand von 1992 bis 1995 die „Johannes a' Lasco Bibliothek" als Forschungsbibliothek für den reformierten Protestantismus. Wertvolle Buchbestände aus mehreren Jahrhunderten werden zur Einsicht bereitgehalten. Diese stammen aus der 1559 gegründeten Bibliothek der Reformierten Kirche, der ältesten Bibliothek Ostfrieslands. Im großen Mittelschiff der ehemaligen Kirche können kulturelle Veranstaltungen angeboten werden.

Nur noch in Hinte ist die unmittelbare Nachbarschaft zweier Gebäude gegeben, die einst in politisch unruhigen Zeiten den Einwohnern des Ortes wie auch seinen Machtbesitzern Schutz boten: die zu Beginn des 16. Jahrhunderts gebaute Kirche und die größte noch erhaltene ostfriesische Wasserburg. Die südlich der Kirche liegende vierflügelige Burg „Hinta" wurde zu Beginn des 15. Jahrhunderts auf den Fundamenten der von den Hamburgern im Kampf gegen die Seeräuber zerstörten Burganlage in mehreren Abschnitten gebaut. Das älteste Gebäude ist der hohe, eingeschossige Westflügel, in dem ein Rittersaal eingerichtet wurde. Im 16. Jahrhundert gelangte die Burg in den Besitz der Familie Frese. Viktor Frese wurde Berater Edzard I. und dessen Begleiter bei einer Wallfahrt ins Heilige Land. Noch heute bewohnt die Familie von Frese die Burg.

Es ist zu bedauern, dass Friedrich der Große als Landesherr zur Vermeidung von Unterhaltskosten viele Burgen und Schlösser in Ostfriesland abreißen ließ, unter ihnen auch die Cirksena-Residenzen in Emden und Greetsiel. Wie berichtet, entstanden während der Häuptlingszeit neben den Backstein-Kirchen wehrbereite „Steinhäuser" der Häuptlinge, die man heute noch vereinzelt finden kann; Um- und Anbauten veränderten indessen im Laufe der Jahrhunderte deren Gestalt. Das aus dem 14. Jahrhundert stammende Steinhaus in

Bunderhee zeigt noch teilweise sein ursprüngliches Aussehen, der dreigeschossige Turm hat schmale Fenster und einige Schießscharten. 1712 erhielt der Turm als Anbau ein großes Wohngebäude, das heute von der Orgelakademie genutzt wird. Steinhäuser sind noch in Nesse und Stapelmoor, in Engerhafe und Upgant-Schott zu sehen. Auch die Harderwykenburg in Leer zählt man zu ihnen.

Von den ehemaligen drei Burgen in Groothusen ist nur ein aus dem 15. Jahrhundert stammendes Gebäude der „Osterburg" erhalten geblieben. Dieses erhielt im 16. und 17. Jahrhundert zwei weitere Anbauten, so dass eine Dreiflügelanlage entstand. Wertvolle Kunstgegenstände beherbergt die Burg, die von der Eigentümerfamilie Kempe bewohnt wird. Vom überschuldeten Häuptling Hoyko Manninga erwarb Graf Edzard II. 1565 aus der Mitgift seiner Frau, der streng lutherischen Gräfin Katharina von Schweden, die Herrlichkeit Pewsum mitsamt der Pewsumer Burg. Die Grafenfamilie wohnte nur gelegentlich auf der Burg; später wurde sie Katharinas Witwensitz. Die heutige Manninga-Burg besteht aus den 1458 gebauten West- und Südflügeln der Wasserburg. Seit 1954 ist die Pewsumer Burg im Besitz des Heimatvereins „Krummhörn", der ein Museum einrichtete.

Unter Georg V. von Hannover wurde 1852 in Aurich auf dem Gelände der 1447 abgebrochenen Cirksena-Burg das „Schloss" gebaut. Der in Hellgelb gehaltene zweigeschossige Putzbau mit seinem markanten Mittelturm nahm von Anfang an als „Regierungsgebäude" die Landdrostei und das Obergericht auf, unter Preußen wurde es Sitz des Regierungspräsidenten. Dem Schloss gegenüber steht die „Neue Kanzlei", die 1731 unter Verwendung von Teilen der alten Schlossanlage entstand und als Marstall und Verwaltungsgebäude genutzt wurde. Die schöne Barockfassade zieren ein fürstlich-ostfriesisches Wappen und ein kunstvolles, schmiedeeisernes Brüstungsgitter.

Zwei Burgen stehen in Dornum. Die zweigeschossige, vierflügelige „Norderburg", das barocke „Schloss", gehört in seiner bezwingenden Schlichtheit zu den schönsten Profanbauten Ostfrieslands. Die Vierflügelanlage mit einem ansehnlichen Innenhof hat einen Rittersaal; ein Wassergraben umgibt die Burg. Die im 16. Jahrhundert gebaute „Osterburg", auch „Beningaburg" genannt, ist ein zweiflügeliger Backsteinbau mit einem Burghof, sie wird als Hotel und Restaurant genutzt.

Dornum / Schloss
1514, in der Sächsischen Fehde, wurden die drei Dornumer Häuptlingsburgen zerstört. Zwei Burgen wurden wieder aufgebaut. Das Schloss ist, von einem breiten Graben umgeben, eine barocke Vierflügelanlage. In das Schloss gelangt der Besucher über eine Holzbrücke zum Hauptportal, das mit einem Dreiecksgiebel geschmückt ist; er kommt in den Innenhof. Einen zweiten Eingang bietet das Torgebäude. Das Land Niedersachsen erwarb nach dem Krieg das Schloss, in das 1951 die Dornumer Realschule einzog.

Dornum / Beningaburg
Das zweiflügelige Gebäude hat einen kleinen, durch das Tor erreichbaren Schlosshof, der auf die frühere enge Burganlage hinweist. Im Mauerwerk sind Spuren zu erkennen, die darauf deuten, dass Fensteröffnungen verändert wurden. Die Beningaburg wird wirtschaftlich benutzt durch den Betrieb von Hotel, Restaurant und Café.

Esens / Rathaus
Am Marktplatz in Esens befindet sich seit 1949 das Rathaus. Das Gebäude ließ die Generalsfrau von Wangelin 1756 als Witwenstift bauen. Beeindruckend sind Gemälde und Wandteppiche im ehemaligen Ahnensaal.

Lütetsburg / Schloss
Am Weihnachtsabend 1839 brannte das Lütetsburger Barockschloss nieder. Im Stil der Neurenaissance wurde ein neuer herrschaftlicher Sitz errichtet. Und wieder war es ein Brand, der 1956 auch dieses Bauwerk vernichtete. Edzard Graf zu Inn- und Knyphausen ließ daraufhin das hier abgebildete vierflügelige Wasserschloss erbauen. Die Vorburg mit dem ansprechenden Torhaus stammt aus dem 16. Jahrhundert, während die barocke Bekrönung dieses kleinen Gebäudes mit Uhr und Glocke 1731 erfolgte.

Oberst von Ehrentreuter war der Bauherr der „Evenburg", die 1642 in Loga entstand. Als Kommandant der holländischen Garnison in Emden hatte er dem Grafen Ulrich II. finanziellen Beistand geleistet, was diesen veranlasste, den Obersten mit den Dörfern Loga und Logabirum zu belehnen. Die Evenburg war ein Renaissanceschloss. Der spätere Eigentümer Carl Georg Graf von Wedel ließ die Evenburg 1860 abreißen und ein Schloss in neugotischem Stil bauen, über dessen Aussehen die Zeitgenossen freilich geteilter Meinung waren.

In der Mitte des 13. Jahrhunderts baute der Häuptling Lütet Manninga östlich von Norden eine Burg, die später den Ortsnamen „Lütetsburg" begründete. Diese Burg wurde 1430 ausgebaut, dann 1514 in der Sächsischen Fehde zerstört. Unico Manninga ersetzte die zerstörte Burg 1557 durch ein Renaissanceschloss. Er gründete die Reformierte Gemeinde in Norden und nahm Glaubensflüchtlinge aus den Niederlanden auf, zum lutherischen Norden geriet er in Gegnerschaft. Unico Manninga war der Förderer des berühmten „Lütetsburger Hausbuchs", das die Kleidung seiner Vorfahren darstellte. Seine Tochter Hyma heiratete den Freiherrn Wilhelm zu Inn- und Knyphausen, dem der Manningasche Besitz zufiel. Dodo von Knyphausen erneuerte von 1677 bis 1679 das Schloss in barocker Gestaltung. Am Weihnachtsabend 1893 brannte das Gebäude bis auf den Torturm nieder, ein wertvolles Inventar fiel den Flammen zum Opfer. Das Schloss wurde im Stil der Neurenaissance wieder aufgebaut. 1956 – wieder vernichtet eine Feuersbrunst das Lütetsburger Schloss. Edzard Graf zu Inn- und Knyphausen ließ daraufhin ein vierflügeliges Schloss von beachtlicher Größe in schlichten, ausgewogenen Formen errichten. Neben dem Gebäude selbst ist der große Park sehenswert, der im frühen 19. Jahrhundert angelegt wurde. Jährlich am Himmelfahrtstag feiert die Reformierte Gemeinde Ostfrieslands im Park einen Gottesdienst.

Zeittafel

um 3000 v. Chr.	Erste Besiedlungsspuren
um 700 – 250 v. Chr.	Entstehen der ältesten Flachsiedlungen in den Flussmarschen der Ems
um Christi Geburt	Eindringen der Römer in die Emsmündung
im 1. Jh. nach Chr.	Chauken siedeln zwischen Ems und Elbe
um 700	Eintreten der Friesen in die Geschichte Europas
7. u. 8. Jh.	Friesische Könige (Redbad)
um 775	Beginn der christlichen Friesenmissionierung
785	Eingliederung Frieslands in das Frankenreich durch Karl den Großen
802	Aufzeichnung der friesischen Volksrechte (Lex Frisonum)
im 9. Jh.	Normanneneinfälle an der Küste
983	Erste Klostergründung in Reepsholt
um 1000	Anfänge des Deichbaus
um 1000 – 1350	Zeit der „Friesischen Freiheit"
um 1200	Bildung von „Ländern" im ganzen Friesland
um 1250	Beginn des Baus von Backstein-Kirchen
um 1200 – 1300	Zusammenkünfte am „Upstalsboom"
um 1350	Auftreten der „Häuptlinge"
1430	Edzard Cirksena führt den „Freiheitsbund"
1464	Erwerb der Reichsgrafschaft durch Ulrich Cirksena
1491 – 1528	Graf Edzard I. („Edzard der Große")
um 1500	Bildung der Landstände
1514 – 1517	„Sächsische Fehde"
ab 1520	Eingang der Reformation in Ostfriesland
1526/1527	Oldersumer Religionsgespräch
um 1530	Säkularisation der meisten ostfriesischen Klöster
1553	Gründung der Emder Heringsfischerei

1561	Residenz der Grafen Ostfrieslands in Aurich
1595	„Emder Revolution"
1600	Endgültige Erwerbung des Harlingerlandes für Ostfriesland
1611	„Osterhusischer Akkord", Stärkung der Stände
1616	Ubbo Emmius: „Rerum Frisicarum Historia"
1622 – 1652	Besetzungen Ostfrieslands im Dreißigjährigen Krieg
1633	Beginn der Fehnkultur
1654	Erhebung des Grafen Enno Ludwig zum Reichsfürsten
1678	Kaiserliche Verleihung des Upstalsboom-Wappens an die Stände
1717	Weihnachtsflut
1726/1727	„Appellekrieg" zwischen dem Fürsten und den „renitenten" Ständen
1744	Tod des Fürsten Carl Edzard; Ostfriesland wird preußisch
1765	Urbarmachungsedikt
1806	Ostfriesland fällt zum französischen Holland
1810 – 1813	Ostfriesland ein französisches „Departement"
1815	Abtretung Ostfrieslands an das Königreich Hannover
1856	Eröffnung der Eisenbahnstrecke Münster – Emden
1866	Eingliederung Ostfrieslands in Preußen
1899	Vollendung des Dortmund-Ems-Kanals
1903	Gründung der „Nordseewerke" in Emden
1922 – 1932	Jann Berghaus Regierungspräsident
1946	Ostfriesland wird Teil des Bundeslandes Niedersachsen
1964	Errichtung des „Volkswagenwerks" in Emden
1978	Auflösung des Regierungsbezirks Aurich; Ostfriesland wird Teil des Regierungsbezirks „Weser-Ems"

Juist
NORDERNEY
Langeoog
Spiekeroog
Baltrum

BORKUM

Dornum /S
Esens/S
Hage/S
Groß-
heide
Holtriem/S
WITTMUND
NORDEN
Brook-
merland /S
Süd-
brook-
merland
AURICH
Krumm-
hörn
Hinte
Ihlow
Große-
fehn
Wies-
moor
Friedeburg
EMDEN
Moormerland
Hesel/S
Uplengen
Jemgum
LEER
Jümme/S
Bunde/S
WEENER
West-
over-
ledingen
Rhauder-
fehn
Ost-
rhau-
der-
fehn

Ostfriesland
Verwaltungsgliederung

Kreisfreie Stadt Emden
Landkreis Aurich
 3 Städte, 12 Gemeinden
Landkreis Wittmund
 1 Stadt, 5 Gemeinden
Landkreis Leer
 3 Städte, 9 Gemeinden

Städte in Großbuchstaben
Kreisstädte unterstrichen
Samtgemeinden mit „S"
 gekennzeichnet

Literatur

Arend, B.: Generalbeschreibung des Harlingerlandes (1684). Hrsg. von H. Reimers, Wittmund 1930.

Behre, Karl-Ernst / van Lengen, Hajo (Hrsg.): Ostfriesland. Geschichte und Gestalt einer Kulturlandschaft, Aurich 1995.

Behre, K.- E. / Ey, J. / Schmidt, P. / Zimmermann, W. H.: Naturraum, Kulturraum. Landschaftsgeschichte und Besiedlungsentwicklung südlich der Nordsee. Hrsg. vom Landkreis Cuxhaven, Bremerhaven 1993.

Brosius, Dieter: Niedersachsen im Überblick, Hannover 1992.

Deeters, Walter: Kleine Geschichte Ostfrieslands, Leer 1992.

Eichhorn, Helmut: Dit herlik Gebouw. Das Emder Rathaus, in: Reinhard Claudi (Hrsg.): Stadtgeschichten. Ein Emder Lesebuch 1495 – 1595 – 1995, Emden 1995.

Feenstra, Hidde: Ubbo Emmius, in: Martin Tielke (Hrsg.): Biographisches Lexikon für Ostfriesland, Aurich 1993.

Haddinga, Johann: Stunde Null, Norden 1995.

Hartmann, Wilfried (Hrsg.): Deutsche Geschichte in Quellen und Darstellung, Band 1. Frühes Mittelalter 750 – 1250, Stuttgart 1995.

Hase, Wolfgang: Entwicklungen in der Landwirtschaft, in: Aktuell, Museumszeitung des Freilichtmuseums Cloppenburg, Cloppenburg 1998.

Heißler, Sabine: Christine Charlotte, in: Martin Tielke (Hrsg.): Biographisches Lexikon für Ostfriesland, Aurich 1993.

Hucker, Bernd Ulrich / Schubert, Ernst / Weisbrod, Bernd (Hrsg.): Niedersächsische Geschichte, Göttingen 1997.

Industrie- und Handelskammer Ostfriesland und Papenburg (Hrsg.): Jahresberichte von 1996 – 2000.

Kolck, Reinhold: Vom Auswanderungsland zur Hochtechnologie-Region, in: Niedersachsenbuch '93. Hrsg. vom Niedersächsischen Innenministerium, Hameln 1993.

Krömer, Eckart / Schmidt, Heino / van Lengen, Hajo: Ostfriesland. Natur, Geschichte, Wirtschaft, Leer 1987.

Krömer, Eckart: Kleine Wirtschaftsgeschichte Ostfrieslands und Papenburgs, Norden 1991.

Krumwiede, Hans-Walter: Kirchengeschichte Niedersachsens, Göttingen 1995.

Von Laer, Hermann: Wirtschaft und Wirtschaftspolitik in Niedersachsen. Geschichtliche Entwicklung und Vergleich in anderen Bundesländem, in: Kuropka, Joachim / von Laer, Hermann (Hrsg.): Woher kommt und was haben wir an Niedersachsen, Cloppenburg 1996.

Van Lengen, Hajo: Kultur und Landschaft Ostfriesland, Essen 1978.

Möhlmann, Günther (Hrsg.): Ostfriesland. Weites Land an der Nordseeküste, Essen 1961.

Möhlmann, Günther: Die Begründung der Reichsgrafschaft Ostfriesland im Jahre 1464, in: Zeitschrift für Kultur, Wirtschaft und Verkehr, 1964.

Noah, Robert: Gottes Häuser in Ostfriesland, Norden 1989.

Pötzsch, Stefan: Jann Berghaus, in: Martin Tielke (Hrsg.): Biographisches Lexikon für Ostfriesland, Aurich 1993.

Regionaldenkschrift 1994, Positionen und Ziele. Hrsg. von der Industrie- und Handelskammer für Ostfriesland und Papenburg.

Schlachter, Hildegard / Reinhardt, Waldemar: Wo Häuptlinge und Adel lebten. Burgen und Schlösser in Ostfriesland, Oldenburg und im nördlichen Emsland, Norden 1998.

Schmidt, Heinrich: Politische Geschichte Ostfrieslands, Leer 1975.

Schmidt, Peter: Mit dem Spaten in Ostfrieslands Vergangenheit. Siedlungsgeschichte und Archäologie des Mittelalters der Marsch, in: Ostfreeslandkalender 1989.

Schubert, Ernst: Geschichte Niedersachsens. Politische Landeskunde, Hannover 1988.

Siebels, Gerhard: Führer durch Ostfriesland und seine Seebäder, Leer 1955.

Siebert, Ernst / Deeters, Walter / Schroer, Berrihard: Geschichte der Stadt Emden 1970 bis zur Gegenwart, Leer 1980.

Stracke, Johannes / Schöningh, Wolfgang / Kappelhoff, Anton: Emder Rathaus – Kulturspiegel Ostfrieslands, Emden 1963.